Verena Rossetti-Gsell

Spielen – Sprache der kindlichen Seele

Verena Rossetti-Gsell

Spielen –
Sprache der kindlichen Seele

Erkenne dein Kind im Spiel

Herder
Freiburg · Basel · Wien

Gedruckt auf umweltfreundlichem,
chlorfrei gebleichtem Papier

Satz: Fotosetzerei G. Scheydecker, Freiburg im Breisgau
Herstellung: Freiburger Graphische Betriebe 1998
ISBN 3-451-26227-4

Inhalt

Vorwort

Dieses Buch ist meinen eigenen Kindern, Nathalie und Raphael gewidmet.

Es wurde möglich durch die vielen Kinder, die meiner Arbeit Vertrauen geschenkt und sich mir im Spiel mitgeteilt haben. Ihnen gilt meine tiefe Dankbarkeit.

Besonders möchte ich jenen Kindern und ihren Familien danken, welche mit erlaubt haben, ihre Spiele als Beispiele zu publizieren. Viele sind heute Jugendliche und Erwachsene und ihre Namen wurden hier geändert.

Ein spezieller Dank geht an Trix für ihre wertvollen Fragen und persönlichen Erinnerungen.

Herzlich danke ich letztlich allen, die mir Mut gemacht haben, über meine Erfahrung zu schreiben.

Das Kind und sein Spiel

Einführung

Ein Kind, das spielt, ist uns eine Selbstverständlichkeit. Kind sein und Spiel gehören von jeher zusammen.

Das kindliche Spiel einer Sprache gleichzusetzen, ist weniger geläufig. Denn nur wer zuhört, wer zusieht, wer neugierig ist und dem Spiel einen Sinn, einen Wert, eine Bedeutung beimißt, die über den bloßen Zeitvertreib hinausgeht, erfährt, wie Kinder in ihrem Spiel seelische Inhalte ausdrücken und mitteilen.

Diese Neugier, dieses Interesse wurde in mir vor Jahren von Kindern geweckt und wird während meiner therapeutischen Arbeit täglich geschürt, was ich als ungemein bereichernd erlebe. Ich möchte den Leser deshalb dazu animieren, diese Neugier zu teilen und mit mir den Reichtum des kindlichen Spiels zu erforschen.

Das „Kindsein" ist eine zeitlich begrenzte Erfahrung. Die Kindheit ist eine Lebensphase, die etwa zehn Jahre andauert und die wir Erwachsenen schon lange hinter uns haben. Darum erleben wir Kinder meist als kleine Menschen, die anders sind als wir, noch nicht erwachsen, und denen gegenüber wir uns elterlichen und erzieherischen Aufgaben stellen.

„Kindsein" ist aber auch unser eigenes „Kind gewesen sein". Kind gewesen sein ist eine innere, psychische Realität, die jeder von uns mit sich trägt. Mindestens seit dem Beginn dieses Jahrhunderts wissen wir, daß diese Realität unser ganzes Leben bedeutend prägt, auch wenn sie unserem Gedächtnis nur begrenzt zur Verfügung steht.

Dieses „innere Kind" möchte ich im Leser wach rufen, bevor wir unser Interesse dem Kind als Gegenüber zuwenden. Ich möchte ihn dazu auffordern, sich in Gedanken zurück in seine Kindheit zu begeben und nach Spielerinnerungen Ausschau zu halten.

Versuchen wir uns zurück zu besinnen und uns zu fragen: Erinnere ich mich an mein Spiel? Was spielte ich besonders gern? Hatte ich ein Lieblingsspiel, hatte ich Lieblingsbeschäftigungen? Was war dabei besonders wichtig? Welche Empfindungen, Gefühle oder Gedanken verbinden sich mit dieser Rückschau? Wie war es z.B. damals in meiner Hütte, wie habe ich mich da gefühlt? Gab es Spiele, die ich gar nicht mochte? Welche Rollen suchte ich mir aus? Vielleicht kann ich auch Eltern, Geschwister oder Freunde befragen. Was spielten diese, was spielten wir zusammen?

Um den Leser zu motivieren, diesen Fragen nachzugehen, möchte ich mich hier mit ein paar eigenen Spielerinnerungen vorstellen.

Zunächst kommt mir mein liebstes Kletterspiel in den Sinn. In unserem Garten standen zwei Rotbuchen. Es war immer jene auf der rechten Seite des Gartentors, die mich in die Höhe lockte, wahrscheinlich waren ihre Äste besonders fürs Klettern geeignet. Es war aufregend, und ich mußte gut aufpassen. Ich wollte immer bis zu dem Punkt hochklettern, wo ich über meinem Kopf den Baumstamm mit meiner rechten Hand umfassen konnte. Die Fingerspitzen mußten sich dabei berühren. So angeklammert in der obersten Baumkrone, mehr hängend als thronend, fühlte ich mich wohl. Hier war mein Platz; ich war am richtigen Ort, mit mir und der Welt zufrieden. Wenn ich erinnernd die Augen schließe, meine ich noch heute das Gefühl, die Empfindung im Innern meiner Hand zu spüren. Ich war damals etwa acht bis neun Jahre alt und hatte vier kleinere Geschwister.

Etwa im gleichen Alter spielte ich zu Hause besonders gern mit meinen Puppen. Ich kann mich dabei aber kaum erinnern, was mit meinen zwei Puppen, einer Baby- und einer Mädchenpuppe, geschah. Wichtig war beim Spiel das Einrichten meiner Wohnung, mein „innenarchitektonisches" Tun. Mit Kinderstühlen, Kisten, Tüchern, Kissen und Decken gestaltete ich meine Wohnung in einer Zimmerecke. Kleider und Geschirr erhielten ihren Platz, aber auch Bilder, Lampe und Blumenvase mußten dekorativ am richtigen Ort stehen und mein Heim verschönern. Von hier aus konnte ich dann Besuche, Einkäufe oder Reisen unternehmen. Das Wichtigste am Spiel war aber immer die Ausstattung meines persönlichen Wohnraums.

Eine sehr frühe Spielerinnerung verdanke ich meiner Mutter und ihrer Gewohnheit, besondere Beobachtungen über ihre Kinder in einem Heft aufzuschreiben. Mit etwa zweieinhalb Jahren hätte ich mich nach Weihnachten immer wieder damit vergnügt, meiner neuen Puppe die Augen mit meinen Fingern in den Kopf hinein zu drücken. Eines Tages hätte ich munter meine Absicht in Worte gefaßt: „Auch Brüderlein Äuglein hinein drücken." Das Brüderlein war damals sieben Monate alt.

Sie haben im Laufe dieser „Geständnisse" vielleicht schon einiges über dieses kleine Mädchen erfahren. In den folgenden Kapiteln werden wir versuchen, mögliche Bedeutungen solch kindlichen Tuns zu interpretieren.

Das kindliche Spiel aus der Sicht der Erwachsenen

Es gibt verschiedene Perspektiven, aus denen das kindliche Spiel betrachtet werden kann.

Wir können dem spielenden Kind spontan und naiv gegenüber treten, können uns ins Spiel mit einbeziehen lassen. Wir können uns anstecken lassen und auf kindlicher Ebene mitspielen. Wir können den Ball zurückwerfen, suchen, fangen, uns verstecken, zum Freund werden, zum Gast, zum Klient, zur Krankenschwester oder zum Feind.

Das Spielerlebnis, Spaß, Freude, Lust, aber auch Wut, Ärger und Angst werden geteilt. Der Erwachsene begibt sich auf die Erlebnisebene des Kindes und aktiviert sein eigenes inneres Kind. Durch sein Mitmachen unterstützt und bestätigt er das spielende Kind in seinem „Sosein", ohne sich dazu weitere Fragen zu stellen.

Der Erwachsene hat aber auch andere Bedürfnisse und Aufgaben. Oft hat er weder Lust noch Zeit zum Spielen. Vielleicht ist er überzeugt, Wichtigeres, „Gescheiteres" zu tun zu haben. Aus dieser Perspektive gesehen wird das kindliche Spiel zum unnötigen Zeitvertreib, ist dem Spiel doch weder die Nützlichkeit der Arbeit noch die Würde der geistigen Anstrengung eigen. Das Spielerische, Kindliche erscheint dann minderwertig und soll zugunsten des Ernsthaften, Erwachsenen überwunden werden.

Aus einer anderen Perspektive, in deren Zentrum das Erwachsensein steht, erscheint das kindliche Spiel vor allem oder ausschließlich als Versuch von erwachsenem Tun. Das spielerische Auseinandernehmen, Bauen oder Werken eines Jungen z.B. wird verstanden als eine Übung späterer handwerklicher, beruflicher Fähigkeiten. Das Mädchen, das seine Puppen hegt und pflegt, bereitet sich so betrachtet auf spätere Mutteraufgaben vor.

Die Pädagogik bietet uns eine differenziertere und faszinierende Perspektive. Studien der letzten Jahrzehnte haben uns gelehrt, daß das Kind im Spiel wertvolle Erfahrungen sammelt, daß es spielend lernt. Wenn das Kleinkind im Zimmer herumkriecht, sich unter dem Tisch versteckt, wenn es Dinge manipuliert, dreht oder schüttelt, wenn es Gefäße füllt und leert, Klötzchen schichtet oder Papier zerreißt, lernt es dauernd Neues über Raum, Zeit, Qualitäten und Quantitäten. Im Kindergartenalter lernt das Kind weiter, wenn es z.B. die Rutschbahn erklimmt, mit dem Dreirad andere Verkehrsmittel vermeidet, wenn es mit Knetmasse, Fingerfarben oder Schere hantiert oder wenn es mit anderen Kindern in der Puppenstube oder im Kaufladen spielt. Während der Grundschulzeit erweitert das Kind seine Kenntnisse, wenn es spielerisch mit gesammelten Erfahrungen, mit Elementen der Sprache, mit Wörtern, Buchstaben und Zahlen experimentiert. Lehrer und Erzieher haben unzählige Möglichkeiten, das Spiel, die spielerische Tendenz des Kindes zu nützen und das Kind zum Lernen zu motivieren.

Meine Absicht ist es, in diesem Buch eine weitere Perspektive kindlichen Spiels aufzuzeigen. Wir wollen im Spiel die spontane, individuelle Tätigkeit des Kindes betrachten, bei der es seine innere Welt mit der Außenwelt in Verbindung bringt und uns damit etwas über seine Befindlichkeit mitteilt. Das kindliche Spiel entpuppt sich dabei als ein erstaunliches psychologisches Phänomen, das Situationen, Bilder, Szenen entstehen läßt, deren Sinn und Bedeutung wir hinterfragen wollen.

Wir versuchen, im Kind weder einen unfertigen Erwachsenen noch ein idealisiertes Wunderkind zu sehen, sondern einen vollwertigen Menschen in einer besonders wichtigen Phase seines Lebens, die auch die nachfolgende Entwicklung entscheidend beeinflussen wird.

Das Spiel als kreative Funktion der kindlichen Psyche

Das Wort „Spiel" war wahrscheinlich bis in die mittelhochdeutsche Zeit gleichbedeutend mit „Tanz, tänzerische Bewegung" (Duden, 1989). Dies weist uns darauf hin, daß mit dem Spiel ursprünglich die Bewegung, die darstellerische Geste in Verbindung gebracht wurde. Auf diese ganzheitliche psychomotorische Bedeutung des Spiels werden wir in den nachfolgenden Kapiteln näher eingehen.

Auch wenden wir unsere Aufmerksamkeit bewußt dem spontanen und individuellen kindlichen Spiel zu und lassen das Gruppenspiel, das Gesellschaftsspiel, das Spiel mit vorgegebener Struktur und kollektiven Regeln beiseite. Dies heißt nicht, daß dem Spiel in der Gruppe weniger Wert zugemessen wird. Seine Bedeutung für das Erleben von Zugehörigkeit, von sozialen Beziehungen und kollektiver Identität steht außer Frage. Wir möchten unser Thema jedoch eingrenzen, um das Spiel des einzelnen Kindes in den Vordergrund zu rücken. Denn die Fähigkeit zur Teilnahme am Gruppenspiel basiert nicht zuletzt auf der Spielfähigkeit des einzelnen Kindes.

Mit spontanem Spiel meinen wir ein nicht vorgegebenes oder vorgeschriebenes Spiel, sondern ein selbst gefundenes oder selbst gewähltes. Auch im spontanen Spiel ist nicht alles neu erfunden. Auf der Basis eines angeborenen Entwicklungspotentials werden Gesten nachgeahmt, Spielzeuge aufgegriffen und Elemente aus Bilderbüchern oder Fernsehprogrammen entlehnt. Was uns interessiert, ist die persönliche Wahl und die Bedeutung, die mit dieser persönlichen Gestaltung verbunden ist.

Auf der Suche nach dem Verständnis dieses spontanen, von selbst entstehenden Spielens lassen wir uns von dem englischen Kinderarzt und Psychoanalytiker D.W. Winnicott weiterhelfen. Für Winnicott (1971) bildet das Spiel des Kindes den Ausgangspunkt der menschlichen Kreativität. Er beschreibt in seinen Ausführungen über das sogenannte „Übergangsobjekt", wie das Kleinkind „spielend" sein erstes psychisches Entwicklungsproblem meistert. Wenn das Kind beginnt, ein Ding zu bevorzugen, ein Kuscheltuch z.B., eine Stoffpuppe oder ein Plüschtier, findet es sein erstes Spielzeug. Wenn es nun dieses Kuscheltuch in Abwesenheit seiner Mutter immer wieder zu sich holt, in den Händen hält, an sich drückt und daran lutscht, erfindet es ein Spiel. Gleichzeitig geht es kreativ mit Trennungsangst um. Sein Spiel ist die Antwort auf sein Gefühl, in Abwesenheit der Mutter verlorenzugehen. Es überwindet im Spiel damit seine Angst, nicht mehr zu existieren, wenn Mama nicht mehr zu fühlen, zu sehen und zu hören ist. Es verschafft sich im Spiel eine Erfahrung des Wiederfindens, des Sich-Haltens, des Lutschens am bekannt riechenden Weichen, eine Erfahrung des Sich-Umarmens, d.h. eine „Mama-Erfahrung". Dies ermöglicht es ihm, für eine gewisse Zeitspanne ohne die reale Mutter auszukommen.

Das Spiel mit dem ersten Spielzeug, von Winnicott „Übergangsobjekt" genannt, entsteht an der Grenze zwischen Innen- und Außenwelt. Indem das Kind einem konkreten, äußeren Objekt eine persönliche seelische Bedeutung verleiht, entsteht gleichzeitig eine Verbindung und eine Unterscheidung zwischen innen und außen, zwischen sich selbst und dem anderen. Es entsteht ein Übergangsbereich zwischen seiner subjektiven und der objektiven Realität.

Im Laufe seiner Entwicklung entdeckt das Kind immer neue Spielmöglichkeiten, die es in diesem Übergangsbereich gestaltet. Dieser Raum des kreativen Spiels erweitert sich im Lauf seines Lebens als Jugendlicher und Erwachsener zum Übergangsbereich seiner persönlichen Kreativität. Winnicott zeigt uns, welche zentrale menschliche Funktion das Spiel erfüllt. Es ermöglicht später dem erwachsenen Menschen, an der menschlichen Kreativität aktiv und passiv teilzuhaben, selbst mit eigener Phantasie zu gestalten und Imaginäres, Bildhaftes von außen aufzunehmen.

Die Fragen, die wir uns nun beim Beobachten jedes spontanen, persönlich gestalteten Spiels stellen wollen, sind folgende:

Welche Art von Erfahrung verschafft sich das Kind mit diesem speziellen Spiel?

Welche Bilder, welche Figuren, welche symbolischen Inhalte können wir im Spiel beobachten?

Wieso und wozu braucht gerade dieses Kind diese spezielle Erfahrung?

Aus welcher Befindlichkeit, aus welcher persönlichen, familiären, sozialen Situation erwächst das Bedürfnis nach dieser Erfahrung?

Was geschieht im Verlauf des Spiels?

Welche Veränderungen führt das Kind aktiv herbei?

Um die Funktion und Dynamik des kindlichen Spiels besser zu verstehen, wird uns hier auch der Ansatz der Analytischen Psychologie C. G. Jungs zu Hilfe kommen.

Im Jahre 1916 beschreibt Jung nach einigen Jahren persönlicher Konfrontation mit dem Unbewußten und dessen Traum- und Phantasiebildern eine natürliche Funktion der Psyche und nennt diese „Transzendente Funktion". Transzendent ist hier nicht im metaphysischen Sinne gemeint (C. G. Jung 1949), sondern bedeutet, daß diese besondere psychische Funktion den Übergang aus einer Einstellung in eine andere möglich macht. Sie ermöglicht es, einen Konflikt, der sich der persönlichen Entfaltung als Hindernis entgegenstellt und Angst auslöst, zu transzendieren, d. h. zu überwinden.

Diese kreative Funktion der Psyche wird aktiviert, wenn sich unbewußte, triebhafte und emotionale Bedürfnisse der gewohnten bewußten Einstellung widersetzen. Das Unbewußte übersetzt diese Bedürfnisse in Bilder der Phantasie. Dadurch wird das bewußte Ich mit den unbewußten bildhaften Inhalten konfrontiert. Es beginnt eine kreative Auseinandersetzung, welche es möglich macht, sowohl die innere als auch die äußere Realität neu zu sehen. So können Blockierungen aufgelöst und die individuelle Entwicklung befreit werden.

Wir können im kindlichen Spiel dieselbe Dynamik beobachten. Die spontane Phantasie ermöglicht es dem gesunden Kind, seine triebhaften und affektiven Bedürfnisse im Spiel direkt auszudrücken und sich spielend damit auseinanderzusetzen. Das psychosomatisch oder in seinem Verhalten gestörte Kind hat diese Ausdrucks- und Auseinandersetzungsfähigkeit verloren und braucht Hilfe, um sie wiederzufinden und so „die heilenden Kräfte im kindlichen Spiel" (Hans Zulliger 1952) zu aktivieren.

Bei der Konfrontation, bei der Auseinandersetzung mit

unbewußten Inhalten können zwei Tendenzen beobachtet werden. Die erste folgt dem Prinzip der Gestaltung und ist von der Ästhetik geleitet. Beim Kind wird dieses Prinzip sichtbar, wenn es dem affektiven Inhalt seiner Phantasie mit Hilfe seiner Sinnesorgane Gestalt gibt. Das Kind wählt bestimmte Formen und Farben und bringt seine Phantasien mittels Gesten, grafischer Zeichen, mittels dramatisierter Szenen, Bauten oder Basteleien zum Ausdruck. Die spezielle Art der Gestaltung hängt wiederum vom Alter und vom Charakter des Kindes ab.

Die zweite Konfrontationstendenz folgt dem Prinzip des Verstehens, des Sinn-Gebens. Sie erhellt inhaltliche Aspekte und wird vom Intellekt geleitet. Die Qualität des Verstehens steht in direktem Zusammenhang mit dem Reifungsgrad des kindlichen Ich. Das Kleinkind z.B. setzt sich mit seinen triebhaften und emotionalen Bedürfnissen im Spiel auseinander. Hier ist sozusagen eine sensomotorische Intelligenz am Werk: Das Kind findet im Spiel sinnbildhafte Lösungen.

Erinnern wir uns z.B. an „das kleine Vreneli" (auf Seite 11), das versucht, seiner neuen Babypuppe die Augen einzudrücken. Es bringt damit klar seine unbewußten Aggressionen gegen solche Babyaugen zum Ausdruck. Instinktiv möchte es diese zerstören und stellt dies im Spiel mit seiner Puppe dar.

Durch die Äußerung seines Wunsches, auch seinem Brüderlein die Äuglein einzudrücken, zeigt es seiner Umgebung, daß seine Zerstörungswut eigentlich dem Brüderlein und dessen strahlenden, die Eltern begeisternden Augen gilt. Es ist eifersüchtig und hat Angst, selber vergessen oder übersehen zu werden und die Zuneigung seiner Eltern zu verlieren. Die Tatsache, daß es den kleinen Bruder aber nicht direkt angreift, zeigt uns, daß es diesem auch positive Gefühle entgegenbringt. Das kleine Mädchen steht in einem Konflikt. Einerseits möchte es die strahlenden Äuglein „wegdrücken", das Brüderlein bestrafen und wieder im Zentrum der Aufmerksamkeit seiner Eltern stehen, andererseits ist es aber wohl auch stolz, einen kleinen Bruder zu haben, bei seiner Pflege mithelfen zu dürfen und hat nicht zuletzt auch Freude und Spaß an ihm.

Eine Weiterentwicklung des Spiels können wir uns folgendermaßen vorstellen. Das Puppenkind wird gehegt, gefüttert, zum Schlafen in den Puppenwagen gelegt und herumgefahren. In anderen Momenten wird mit ihm geschimpft, weil es nicht essen will, oder es wird gehauen oder weggeworfen, weil es unartig ist. Die sich widerstrebenden Gefühle und die damit verbundene persönliche Sinngebung werden im Spiel dargestellt und weiterentwickelt.

Eltern, die solchen negativen Gefühlen des Kindes Verständnis entgegenbringen, erleichtern es diesem, seine Problematik spontan im Spiel darzustellen und damit umgehen zu lernen.

Dies führt uns zu der Frage, der wir im nächsten Kapitel nachgehen werden: Welche Rolle spielen Eltern, Erzieher, und andere Bezugspersonen im Spielverhalten des Kindes?

Das spielende Kind und seine Bezugspersonen

Es könnte als widersprüchlich erscheinen, daß wir uns hier mit der Beeinflussung des Spiels durch Außenstehende befassen, obwohl wir uns doch zum Ziel gesetzt haben, das spontane, individuelle Spiel des Kindes zu beobachten und zu hinterfragen. Tatsächlich ist aber kreatives, spontanes kindliches Spiel nur in einer dafür empfänglichen und toleranten mitmenschlichen Umgebung möglich.

Im oben angeführten Beispiel des kleinen Mädchens, das im Spiel seiner Puppe die Augen eindrückt, können wir uns ganz verschiedenartige Reaktionen der Eltern vorstellen. Vielleicht wird das Kind gerügt: „Man darf Spielzeug nicht kaputt machen", vielleicht kriegt es eins auf die Finger, weil es unartig gewesen ist, oder es wird mit Liebesentzug bestraft, weil es böse und undankbar ist. Der Zusammenhang Puppe – Brüderchen wird von den Eltern übersehen, die Eifersucht nicht verstanden, und das Kind erfährt, daß seine aggressiven Gefühle falsch und böse sind.

Wir können uns aber auch vorstellen, daß die Mutter oder der Vater die Eifersucht wahrnimmt, daß solche Gefühle in dieser Familie aber trotzdem negativ bewertet werden und darum verboten sind. Man hat nicht eifersüchtig zu sein! Gefühle der Eifersucht werden verleugnet. Vielmehr ermahnt die Mutter das Mädchen vielleicht ängstlich dazu, mit Puppe und Bruder lieb zu sein und erklärt, daß sie traurig sei, wenn es so böse Gedanken habe. Das Kind wird vor den eigenen Aggressionen und Phantasien Angst bekommen, weil diese für Mamas Abwendung verantwortlich sind. Es wird deshalb rasch lernen, sich anzupassen und die Eifersucht auf Kosten eines Teils seiner Vitalität zu verleugnen. Vielleicht wird es sich unbewußt über regressive Forderungen, über Krankheit oder psychosomatische Symptome vermehrt Zuwendung verschaffen.

Wir können uns aber auch Eltern vorstellen, die für die Eifersucht des kleinen Mädchens Verständnis haben. Sie zeigen, daß sie wissen, wie schwierig es ist, einen kleinen Bruder lieb zu haben, vor allem, wenn er so oft die Mama für sich vereinnahmt und mit seinen strahlenden Augen Tanten und Freunde in Begeisterung versetzt. Sie zeigen ihm vielleicht, daß sie sich durchaus ärgern, wenn er z.B. heult, daß man ihn aber deswegen nicht bestrafen kann, da er eben noch viel zu klein und unverständig ist. Eltern, die das beschriebene Puppenspiel als Verarbeitungsversuch von Eifersucht und Verlustangst verstehen, werden von ihrem Kind nicht verlangen, daß es immer die liebe große Schwester ist, sondern werden sich gerade durch das demonstrative Spiel dazu aufgefordert fühlen, ihm wieder vermehrt Aufmerksamkeit zukommen zu lassen. Sie verhelfen ihm damit zur

Erfahrung, daß man aggressive Gefühle im Spiel ausdrücken und in Worte fassen kann, daß aggressive Gefühle von anderen verstanden werden können, und daß es dann nicht notwendig ist, sie in aggressives Handeln umzusetzen.

Der Versuch, uns verschiedene elterliche Reaktionsweisen vorzustellen, zeigt uns, wie wir Erwachsenen das Spiel und die Spielfähigkeit der uns anvertrauten Kinder bewußt oder unbewußt beeinflussen.

In seiner Beschreibung der Anfänge des kindlichen Spiels stellt D. W. Winnicott fest, daß das erste individuelle Spiel in Gegenwart der Mutter (oder deren Ersatz) möglich wird. Das heißt, daß das Kleinkind lernt, allein zu spielen, weil ihm dies die mütterliche Präsenz erlaubt. Das heißt aber nicht, daß das Kind auf diese Erlaubnis wartet.

Die Studien der Achtzigerjahre über Säuglingsverhalten, vor allem die Arbeiten von Daniel Stern (1985), haben auf eindrucksvolle Weise demonstriert, daß schon der Säugling seine mütterliche Bezugsperson aktiv dazu anregt, in der Interaktion seine Selbsterfahrung zu fördern. Sein spielerisches Tun bewirkt in der Mutter ein „syntones" Verhalten, eine das Spiel unterstützende gefühlsmäßige Abstimmung (Affektabstimmung). Sie begleitet z.B. mit ihrer Stimme, mit Lauten die spielerische Geste ihres Kindes, indem sie deren Rhythmus, Intensität und Dauer aufnimmt. Es geschieht dies meist spontan und unbewußt, und das Kind scheint es nicht zu merken. Erst im Falle einer Störung, wenn die Affektabstimmung fehlschlägt und nicht der Erwartung entspricht oder wenn sie plötzlich aufhört, reagiert das Kind und unterbricht sein Spiel.

Auch der Psychoanalytiker W. Bion (1979) beschreibt die mütterliche Fähigkeit der Einstimmung auf die frühkindlichen Äußerungen. Mit seinem Begriff der „Rêverie" (Träumerei) unterstreicht er das aktive Phantasieren der Mutter, das noch weiter geht als die Affektabstimmung und das kindliche Tun in der mütterlichen Vorstellung zu einem Sinn verdichtet.

So wird das Vertrauen des kleinen Kindes in sein spontanes Tun in der Interaktion mit seinen ersten Bezugspersonen aufgebaut. Es macht so schon sehr früh die Erfahrung, daß sein Spiel einen positiven Wert hat und sinnvoll ist, oder aber daß es wert- und sinnlos ist.

Auch später steht das Selbstvertrauen des Kindes, das Gefühl, den eigenen Trieben, Wünschen, Emotionen trauen und sie im Spiel darstellen zu dürfen, in direktem Zusammenhang mit dem Vertrauen, der Toleranz und dem Verständnis, die ihm seine erwachsenen Bezugspersonen entgegenbringen.

Eine vertrauensvolle und tolerante Beziehungsatmosphäre ist deshalb für das kreative Kinderspiel so wichtig, weil es sich bei den im Spiel zum Ausdruck gebrachten Phantasien oft um negative und als gefährlich erlebte Bedürfnisse handelt. Dabei entsteht immer Angst: Angst, nicht geliebt, Angst, verlassen oder verstoßen zu werden. Es können archaische Ängste entstehen, Angst zerstört zu werden oder selber zerstörerisch zu sein. Diese Angst muß von jemandem mitgefühlt, ausgehalten und relativiert werden können. Das kleinkindliche Ich ist alleine noch nicht stabil genug, um sich selbständig, mit seinen Ängsten auseinanderzusetzen.

Erlebt das kleine Kind Toleranz, Mitgefühl und Verständnis, so wird es dieses Vertrauen der anderen in seine Spielfähigkeit auch in der Zukunft mit sich tragen und sein ganzes kreatives Potential nützen können, um neu entstehende Probleme und Konflikte im Spiel darzustellen und altersgemäße Lösungen zu finden.

Natürlich ist es nicht selbstverständlich, als Eltern und Erzieher immer Vertrauen, Einfühlungsvermögen, Toleranz und Verständnis für die kindlichen Spielereien aufzubringen. Oft sind wir überfordert. Der Mangel an eigenen positiven Erfahrungen beschränkt das Vertrauen in die kreativen Fähigkeiten der Psyche. Hat man als Kind selbst kein Verständnis gefunden, fällt es einem als Erwachsener schwer,

Verständnis für andere aufzubringen. Wenn ich denke, wie vieles ich als Mutter mit meinen zwei Kindern verpaßt oder verpatzt habe. Aus genau diesem Grund ist es so wichtig, daß Kinder nicht nur auf eine, sondern auf mehrere Bezugspersonen zurückgreifen können. Deshalb sind Väter, Großeltern, Onkel, Freunde, Kindergärtner(innen), Lehrer(innen) und in besonders schwierigen Situationen auch Kindertherapeuten und -therapeutinnen für die Kinder von zentraler Bedeutung.

Spielen ist unerschöpflich

Einführung

Nach der Beschreibung des „zwischenmenschlichen Raumes", in welchem das Spiel möglich wird, wollen wir uns fragen, in welchem Bereich des individuellen Erlebens es stattfindet.

Im dritten Kapitel haben wir erfahren, daß Winnicott davon ausgeht, daß es einen Übergangsbereich der menschlichen Kreativität gibt, der zwischen der subjektiven und der objektiven Realität liegt. Die kreative Funktion der Psyche wird in diesem Übergangsbereich aktiviert. Es ist das Reich der Phantasie, das sich im Erwachsenenalter zum Reich der Kunst, des Tanzes, des Theaters, der Musik, der Bildhauerei, der Malerei und der Literatur erweitert.

In diesem Übergangsbereich spielt auch das Kind. Es entleiht sich aus der objektiven, konkreten Welt Elemente und gibt ihnen eine subjektive, „psychische" Bedeutung. Wenn z.B. ein Junge mit einer Plastikpistole Indianer, Pirat oder Krieg spielt und dabei Feinde bekämpft, so geschieht dies im Reich der Phantasie, genau wie wenn im Theater oder in der Literatur gekämpft und gemordet wird.

Es ist wichtig, daß der Erwachsene diesen Bereich der Phantasie anerkennt und daß er klar zwischen konkreter Realität und Fiktion unterscheidet. Es ist nicht sinnvoll, wenn eine Mutter ihrem Fünfjährigen sagt, er solle mit seinem Spielgewehr nicht auf Menschen, sondern nur auf die Vögelchen in der Luft zielen. Eine Freundin von mir verhielt sich so, um ihren Sohn zum Frieden zu erziehen. Sie wollte ihn aber doch nicht zur Jagd auf Singvögel antreiben.

Wir wollen uns auch fragen, welche Haltung uns den besten Zugang zum Verständnis des kindlichen Spiels ermöglicht. C.G. Jung (1949, S. 517) beschreibt eine Einstellung, die sich dadurch kennzeichnet, daß sie menschlichen Phänomenen eine Bedeutung beimißt, welche die konkreten Fakten übersteigt. Er nennt sie „symbolische Einstellung". „Symbolisch" nennt er die bildhafte Ausdrucksweise einer psychischen Realität, die im Moment nur so und nicht anders ausgedrückt werden kann.

Wenn wir uns dem spielenden Kind gegenüber „symbolisch einstellen", nehmen wir eine Haltung ein, die jedem spielerischen Tun eine persönliche Bedeutung, einen Sinn beimißt.

Von dieser Einstellung und dem Wissen um den Übergangsbereich der Phantasie ausgehend, wollen wir nun von nahem betrachten, auf welche Weise die kindliche Psyche das Spiel aktiviert, um sich kreativ mit den Problemen des Menschseins auseinanderzusetzen.

Verstecken, Suchen, Finden und Fangen

Gesucht werden und suchen, finden und gefunden werden, versteckt sein und verstecken, fangen und gefangen werden – so läßt sich dieser Spielbereich ausführlich umschreiben.

Suchen, finden, verstecken und fangen sind uns allen bekannte, elementare Spielverhalten, die wir schon in den ersten Lebensjahren des Kindes beobachten können. Das wonnige Spiel eines noch nicht einjährigen Kindes, das sich hinter den eigenen Händen verbirgt und einen Augenblick später seinem Gegenüber sein strahlendes Gesicht zeigt, verliert nie seinen Reiz. Unwiderstehlich wird der Erwachsene dazu verführt, sich mit Lauten wie „Gu-gu, da-daaa!" auf die Geste einzustimmen.

Was für ein Bedürfnis wird hier vom Kleinkind ausgedrückt? Welche Erfahrung verschafft es sich immer und immer wieder mit diesem Spiel? Versuchen wir, sein Erlebnis in Worte zu fassen. Das Kind erfährt, daß es wahrgenommen, d.h. gesehen, erwartet und gesucht wird, daß es für den anderen Menschen existiert, auch wenn es sich dessen Blick entzieht und im dunklen versteckt. Daß es – einfach durch das Öffnen der Augen – mit seinem Dasein Freude und Begeisterung auslöst.

Beim Beschreiben dieser Episode habe ich versucht, das subjektive Erleben hervorzuheben, ohne die Ich-Form zu gebrauchen. Die Säuglingsforschung hat uns gelehrt, daß schon die Erlebnisweise des Kleinkindes subjektive Qualität besitzt; auch frühe Erfahrungen werden „selbst" gemacht. Der analytische Psychologe M. Fordham geht sogar von einem primären Selbst aus, das sich im Austausch mit der Umwelt langsam entfaltet. Das Bewußtsein aber, ein Individuum mit einem Ich zu sein, welches sich mit einer Innen- und einer Außenwelt auseinandersetzen kann, wird erst nach und nach in der Interaktion aufgebaut.

Deshalb kann die existenzielle Bedeutung des Spielerlebnisses, ganz persönlich von anderen gesehen, beachtet, entdeckt zu werden, kaum überschätzt werden. Von der Mutter, vom Vater, von den Mitmenschen gesehen oder gefunden zu werden, bestätigt dem Kind, daß es „ist". Nicht gesehen, nicht gefunden zu werden kann für das Kind bedeuten, nicht sehenswert, nicht interessant, nicht suchenswert und im extremen Fall nicht zu sein. Dabei können Scham, Minderwertigkeitsgefühl oder sogar tiefe Existenzzweifel entstehen.

In diesem Zusammenhang hat mich eine Szene im Film von Ettore Scola „Die Familie" sehr beeindruckt. Bei einem Familientreffen, das in einem Wohnzimmer voll plaudernder Familienangehöriger stattfindet, spielt ein Onkel auf besonders uneinfühlsame Weise mit seinem etwa vierjährigen Neffen. Der kleine Junge fordert durch seine Gesten den Onkel zu einem Such- und Fangspiel auf. Er versteckt sich, kommt aber schnell aus seinem Versteck hervor, um gefunden zu werden. Der Onkel tut allerdings so, als sähe er ihn nicht und sucht weiter. Der Kleine strahlt ihn an, läuft ihm nach und stellt sich immer wieder vor ihn hin, aber der Onkel will ihn nicht finden. Der Junge ruft: „Hier bin ich!", aber er wird weder gesehen noch gehört. Der Kleine schreit immer lauter und bricht schließlich verzweifelt in herzzerbrechendes Weinen aus.

Die Filmszene läßt uns auf dramatische Weise miterleben, wie kindliche Zweifel an der eigenen Existenz durch ein solches Nicht-Gefunden-Werden hervorgerufen werden.

Die seelische Erfahrung, als Individuum zu existieren, verbunden mit dem Gefühl gesucht, gefunden und erwartet zu werden, braucht das Kind, um sein Selbstwertgefühl aufzubauen und dieses in Krisenzeiten immer wieder zu stabilisieren. Es verschafft sich diese Erfahrung je nach Alter, psychischer Befindlichkeit oder Beziehungsproblematik auf besondere Art und Weise. Versteck-, Such- und Fangspiele treten deshalb über die ganze Kindheit in immer neuen Formen auf.

Als ich mit meiner Tochter schwanger war, spielte mein dreijähriger Sohn über lange Zeit jeden Morgen ein rührendes Geburtsspiel. Er versteckte sich auf meinem Bauch unter der Daunendecke. Ich sollte jedesmal fragen, was sich denn da bewege, um dann begeistert das herauskriechende Neugeborene zu entdecken und zu empfangen. Die selbstbestätigende Bedeutung des Spiels in dieser besonderen Lebenslage bedarf keiner weiteren Deutung – sie ist offensichtlich.

Im Kindergartenalter wird oft Verstecken gespielt, um von einem geliebten Erwachsenen nach einer Trennung wiedererkannt und wiedergefunden zu werden. So geschieht es oft, daß bei der Ankunft für eine Therapiestunde eine Mutter alleine vor der Türe steht. Sie spielt die Komplizin ihres Kindes: Ihr Bub hätte nicht kommen wollen, oder sie wisse nicht, wo ihr Mädchen geblieben sei. Ich muß bekümmert herumsuchen, bevor ich das Kind mit freudigem Erstaunen entdecke. So zeige ich, wie wichtig es mir ist.

Ähnliches erfahren Väter, Großeltern und Erzieher, wenn sie ihnen anvertraute Kinder nach kurzer oder langer Abwesenheit wieder in Empfang nehmen. Auch hier geht es weniger um den Spaß über ein gutes Versteck als um die Begeisterung beim Gefunden- und Empfangen-Werden.

In der Therapie, die u.a. die Aufgabe hat, traumatische und Mangelerfahrungen aufzuarbeiten, übernimmt dieses besondere Versteckspiel oft eine kompensatorische Rolle.

Bei Kindern mit frühen, durch schicksalhaftes Krank-, Behindert- oder Unerwünscht-Sein bedingten Negativerfahrungen, wird die fehlende positive Erfahrung oft in der Therapie gesucht. Hinter der Glastür, die meine Praxis von der Eingangs- und Wartehalle trennt, hängt ein großer doppelter Vorhang. Unzählige Male haben mich Kinder durch ihr Spiel dazu aufgefordert, sie in ihrem Vorhangversteck zu suchen und schließlich auch zu finden. Sie halten ihre bergende Hülle verschlossen oder wickeln sich – kaum herausgeschält – wieder hinein. Ich soll dann herumraten, was denn da versteckt sei. Manchmal fühle ich etwas Hartes, manchmal etwas Weiches; ist es eine Überraschung? Ein Weihnachtsgeschenk? Es kommt vor, daß ich auf einmal nichts mehr fühle, weil das Kind in seiner Vorhanghülle in die Hocke gerutscht ist. Ich soll mich also wirklich um das „verschwundene" Kind kümmern und es weiter suchen, um am Ende begeistert das gefundene Geschenk, das Neugeborene, in Empfang zu nehmen. In der Gegenübertragung werden in mir dabei übrigens ähnliche Gefühle hervorgerufen, wie beim Geburtsspiel meines dreijährigen Sohnes. Schon bei mehreren frühgestörten Kindern wurde dieses Spiel über längere Zeit zum Ritual.

Bei der Beschreibung des Versteckspiels im Vorhang wird deutlich, daß es dem Kind oft auch darum geht, nicht sofort gefunden zu werden, sondern über kürzere oder länger Zeit versteckt zu bleiben. Es kostet aus, wie der Suchende sich anstrengt. Es will ihn auf die Probe stellen und sehen, wie wichtig es ihm ist. Anderseits stellt sich das Kind aber auch selber auf die Probe: Wie lange bin ich fähig, nicht gefunden, nicht bemerkt, vom anderen nicht bestätigt zu werden?

Der kleine Neffe in Ettore Scolas Film hätte einen nicht allzu lang dauernden Scherz des Onkels vielleicht aushalten können. Wenn dieser den Kleinen eine Weile hingehalten hätte, um ihn dann überrascht zu entdecken und zu feiern, wäre des Buben Selbstbewußtsein möglicherweise sogar gestärkt worden. Schließlich überprüfen die Kinder beim Versteckspiel auch, wieviel Distanz, wieviel Alleinsein sie aushalten können. Es geht um das Erproben der Selbständigkeit. Einfühlsame Erwachsene oder auch größere Kinder spüren, wann sie ein „schlecht" verstecktes Kleinkind nicht sofort finden, sondern eine Weile weiter suchen sollen. Viele Kinder zeigen von selbst, wann sie gefunden werden möchten. Sie geben dann verräterische Laute von sich. Andere genießen das Überraschungsmoment; sie versuchen, den Suchenden zu erschrecken, ihm einen Streich zu spielen und die so gewonnene Macht über den Erwachsenen auszukosten.

Eine persönliche Spielerinnerung kann auch hier als Beispiel angeführt werden. Wie erwähnt, hatte ich mit neun Jahren vier kleine Geschwister. Persönliche Aufmerksamkeit und Bestätigung durch meine Eltern, vor allem durch meinen Vater zu erhalten, war dann nicht (immer) selbstverständlich. Zu meinen kindlichen Vatererinnerungen gehört ein lustiges Abendspiel. Vor dem Zu-Bett-Gehen durften wir Kinder uns überall in der großen Wohnung verstecken. Mein Vater spielte Nachtwache. Als Laterne nahm er einen Besenstiel in die Hand und suchte singend seine Kinder zusammen: „Seht die Nachtwach kommt heran mit dem langen Stocke, kommt ihr Kinder schließt euch an, haltet fest am Rocke, fort und fort und immer fort, bis zum

Klang der Glocke!" Ich kann mich noch gut erinnern, wie ich ihn einmal ganz lange habe suchen lassen. Mäuschenstill saß ich in der Ecke des Kleiderschrankes. Ich gab mich auch nicht preis, als er die Kastentüre öffnete und mit dem Stock in den Kleidern herumfuhr. Noch heute spüre ich die erregte Genugtuung, die ich dabei empfand, in meinem Versteck zu verweilen und mich von meinen Vater angestrengt suchen zu lassen.

Das Sich-Verstecken, das Versteckt-Sein, hat also neben der selbstbestätigenden auch eine dem Selbstvertrauen förderliche Funktion. Allein in einem Versteck auszuharren, gibt mir das Gefühl der Eigenständigkeit. Ich kann mich vielleicht noch nicht aktiv wehren, aber ich kann das Alleinsein aushalten, und indem ich mich unsichtbar mache, kann ich mich vor Gefahren schützen.

Daß dies nicht selbstverständlich ist, zeigt das Spiel eines Dreieinhalbjährigen, der seine Mutter dadurch zur Verzweiflung brachte, daß er immer und überall, ob zu Hause oder beim Einkaufen, wild mit irgendwelchen Gegenständen um sich warf. Er war unfähig, selbständig und artig in seinem Zimmer zu spielen, wie die Mutter es von ihm verlangte. In der Therapie mußte ich mit ihm wiederholt ein Bilderbuch über die Entstehungsgeschichte unserer Erde anschauen. Jedesmal, wenn ein wilder fleischfressender Dinosaurier sichtbar wurde, mußten wir uns gemeinsam hinter den Korbsesseln verstecken.

Mit diesem Spiel drückte der kleine Junge gleichzeitig zwei Bedürfnisse aus: Einerseits brachte er mich dazu, seine Angst vor überwältigenden zerstörerischen Triebregungen mitzufühlen, anderseits zeigte er mir, daß er mit dieser Angst noch nicht allein sein konnte, daß er im Versteck meine mitmenschliche Präsenz brauchte, um die Fähigkeit zum Alleinsein aufbauen zu können.

Verstecken kann man sich selber oder aber auch wichtige Besitztümer. Glitzernde Steine, glänzende Murmeln, winzige Glastiere und andere Dinge mit persönlicher Bedeutung können vom Kind zum wertvollen Schatz erkoren und versteckt werden. Der Besitz dieses Schatzes wird zum Geheimnis, in das vielleicht niemand oder nur besonders Vertraute eingeweiht werden. Die Bedeutung solch versteckter Schätze ist mit der Bedeutung vom verborgenen Schatz in Märchen und Mythen vergleichbar.

Das Geheimnis vom ganz persönlichen Versteck meiner Tochter enthüllte sich z.B. erst, als sie – bereits Mittelschülerin – in ein Zimmer in den oberen Stock umzog. Unter dem Teppich hatte sie eine wacklige Bodenplatte entdeckt, wo sie jahrelang ihre allerwichtigsten Geheimnisse versteckt hatte.

C.G. Jung (1961, S.27–28) beschreibt in seiner Autobiographie, wie lebenswichtig für ihn und sein Selbstwertgefühl in den ersten Grundschuljahren eine kleine gelbe Federschachtel war. In diese Schachtel hatte er ein kleines Männchen mit einem selbst angefertigten Wollmäntelchen und einen glatten, bemalten länglichen Rheinkiesel gelegt, um sie anschließend auf dem Estrich zu verstecken. „Das war sein Stein. Das Ganze war für mich ein großes Geheimnis, von dem ich jedoch nichts verstand. Ich brachte die Schachtel mit dem Männchen heimlich auf den oberen, verbotenen Estrich (verboten, weil die Bodenbretter wurmstichig und morsch und daher gefährlich waren) und versteckte sie auf einem Stützbalken des Dachstuhls. Dabei empfand ich große Befriedigung; denn das würde niemand sehen. Ich wußte, daß dort kein Mensch es finden könnte. Niemand konnte mein Geheimnis entdecken und zerstören. Ich fühlte mich sicher, und das quälende Gefühl der Entzweiung mit mir selber war behoben." Weiter schreibt Jung (S.28): „Für mich war es ein unverbrüchliches Geheimnis, das niemals verraten werden durfte, denn die Sicherheit meines Daseins hing daran. Wieso, fragte ich mich nicht. Es war einfach so."

Besonders in Krisenzeiten, in Perioden der Verunsicherung, der Trennung sind solche versteckten Besitztümer von großer Bedeutung. Sie sind für das Kind ein Spiegelbild seines eigenen Wertes, dem durch das Versteckt-Werden besonderer Schutz zukommt.

Als eher ausstoßende Mutter habe ich meinen Sohn schon mit zwölf Jahren allein mit dem Zug nach Paris zu einer Freundin in die Ferien geschickt. Ganz gerührt erzählte mir diese im nachhinein, wie sie zwischen der Unterwäsche in seinem Rucksack versteckt ein Spielsafe mit kleinen kindlichen Schätzen entdeckt hatte.

Nun möchte ich aber wieder auf die psychomotorische Dimension des Versteckens, Suchens und Findens zurückkommen. Das größere Kind wird sich im Gruppenspiel von Gleichaltrigen suchen lassen und so erfahren, daß es in der Gruppe erwünscht ist. Es kann auch ein Objekt verstecken, das gesucht werden muß. Das Kind bringt damit seine Mitspieler dazu, sich in Gedanken in es hineinzuversetzen und nach seiner Verstecksidee zu suchen. Mit Anweisungen wie „kalt", „heiß", „warm", „lauwarm" kann das Suchen und Finden erschwert und erleichtert werden. Ganz auf Spielutensilien verzichtet das Versteck- und Suchspiel im bekannten „Ich sehe, was du nicht siehst, und das ist (zum Beispiel) rot". Größere Kinder können sich mit diesem Spiel während langer Warte- oder Reisezeiten vor zermürbender Unsicherheit und Langeweile schützen.

Nachdem wir uns eingehend mit den Spielerfahrungen des Versteckens und Suchens befaßt haben, wollen wir uns die Frage stellen: Welche Bedeutung erhält das Spiel, wenn der Akzent beim Finden liegt?

Vor einigen Jahren wurde mir für ein paar Stunden meine sechs Monate alte Nichte anvertraut. Es war das erstemal seit ihrer Geburt, daß sich ihre Eltern eine gemeinsame Skiabfahrt leisten wollten. Ich spazierte stolz mit dem munteren Kind im Kinderwagen durch die sonnige Landschaft. Die Kleine war über lange Zeit zufrieden. Auf dem Heimweg fing sie an zu weinen. Ich sang und plauderte, um sie aufzumuntern, und endlich waren wir zu Hause angekommen. Das Weinen wurde immer schlimmer. Ich wiegte sie, gab ihr etwas Wasser zu trinken. Sie beruhigte sich jeweils für einen Moment, um danach nur immer verzweifelter zu weinen. Die meisten Leser kennen wahrscheinlich das Gefühl der Ohnmacht, das ein untröstlich weinender Säugling in uns auslöst. Ich legte die Kleine ins Bett, versuchte sie durch Wiegen einzuschläfern und gab ihr den Schnuller. Sie lutschte daran, spuckte ihn aber gleich wieder aus und weinte weiter. Nichts zu machen. Endlich erwischte die Kleine mit ihrem Händchen den Ring des Schnullers, den ich ihr wieder in den Mund gesteckt hatte. Sie zog ihn aus dem Mund heraus, nur um ihn gleich darauf mit dem Mund wieder zu suchen. Sobald sie ihn fand, lutschte sie kurz daran, spuckte ihn aber bald wieder aus, um ihn wieder zu suchen etc. Dabei beruhigte sie sich und schlief nach einer Weile ein. Ich war fasziniert über das Geschehen: Es war also nicht das Saugen, das Gefühl, den Schnuller im Mund zu haben, das beruhigte. Es war das Spiel des Suchens und Findens, das Trost spendete und endlich ein entspanntes Einschlafen ermöglichte.

Wenn wir uns an Winnicotts Übergangsobjekt erinnern, sehen wir an diesem Beispiel, daß es bei diesem ersten Spielzeug nicht nur um ein Haben, um einen passiven Besitz geht, der eine Trennung erträglich macht. Vielmehr geht es um das aktive Finden, um das Wiederfinden von Verlorenem auf spielerischer, symbolischer Ebene.

Dieses spielerische Verlieren und Wiederfinden ist neben dem Gesucht- und Gefundenwerden eine der wichtigsten Spielerfahrungen der zweiten Hälfte des ersten Lebensjahres. Schon Freud hat die Bedeutung dieses Spieles unterstrichen. Aus dem Verlieren wird dann später das aktive Wegwerfen, etwa von Spielzeug aus dem Kinderwagen. Zum Finden benützt das Kind den „verlängerte Arm" von Vater oder Mutter. Die Eltern werden dabei recht auf die Probe gestellt. Denn das „Finden" wird oft genug mit forderndem Geschrei bewerkstelligt.

Beim späteren Versteckspiel wird das Finden zur Bestätigung der eigenen Fähigkeit, sich Abwesendes vorstellen und es entdecken zu können. Psychologisch geht es um das Finden und Wiederfinden des Beziehungsobjektes, des Beziehungspartners, des anderen.

Die Versteckspiele der größeren Kinder unter sich beinhalten beide Aspekte. Einerseits geht es um das Finden des anderen, anderseits um das Gesuchtwerden durch diesen. Bedürfnisse von Nähe und Distanz werden im Spiel differenziert und dargestellt. Im Fangspiel wird Eigenständigkeit dadurch erworben, daß das Kind lernt, den anderen einzufangen, wobei es möglichst vermeidet, gefangen, vereinnahmt und unter Kontrolle gebracht zu werden. Wenn dies trotzdem geschieht, gilt es, sich möglichst bald wieder zu befreien. Diese Bedeutungen finden wir in vielen Gruppen- und Regelspielen wieder, auf die wir aber hier nicht weiter eingehen wollen.

Vielleicht erinnert sich der Leser in diesem Zusammenhang an Erfahrungen des „Gefangenseins". Die meisten haben wohl während der Kindheit die Strafe des Freiheitsentzugs kennengelernt, sind irgendwann einmal wegen schlechten Benehmens oder Ungehorsam eingesperrt worden und erinnern sich an die Gefühle von Wut und Ohnmacht, die das Fremdbestimmtsein mit sich bringt. Besonders wenn die Strafe als ungerecht und das Strafmaß als unangemessen erlebt wird, oder wenn der Ort des Gefangenseins Angst auslöst, kann das Ohnmachtsgefühl traumatische Spuren hinterlassen.

Je enger die Zügel einem kleinen Draufgänger von den „großen" Erwachsenen gezogen werden, desto stärker wird sein Wunsch wachsen, selber groß zu sein und zu bestimmen, was er tun darf, nach dem Motto: „Ich mache, was ich will und nicht, was du willst!" Das Freiheitsbedürfnis, das in der Kindheit unweigerlich und dauernd an Grenzen stößt, erklärt die Vielzahl der Spiele, bei denen das Erlebnis des Sich-Befreiens, des Sich-Erlösens im Zentrum steht.

Ein weiterer Bedeutungsaspekt von Fang- und Befreiungsspielen wird klar, wenn wir bedenken, daß wohl kaum einem Kind Erfahrungen des Ein- und Ausgeschlossenseins erspart bleiben. Schon das kleine Kind muß damit zurechtkommen, daß seine Eltern Gemeinsamkeiten pflegen, von denen es ausgeschlossen ist. Es kommt nicht um diese bittere Erfahrung herum.

Im Spiel kann ein Kind sich mit dieser Erfahrung auf unterschiedliche Weise auseinandersetzen: durch Fangen, durch Gefangennehmen oder durch Ausbruch. Es kann das schmerzende Gefühl des Allein-gelassen-Seins angehen, indem es im Spiel die Trennung rückgängig macht, indem es seinen Beziehungspartner wieder einfängt, zurückerobert, ihn anbindet. Es kann aber auch spielerisch den Spieß umdrehen und das Erlebnis des Ein- oder Ausgeschlossen-Seins auf andere projizieren. Oder aber es kann versuchen, sich aus der Abhängigkeit zu befreien, indem es im Spiel seine Eigenständigkeit erprobt, vielleicht mit der Hilfe einer imaginären Familie im Puppenspiel oder mittels imaginärer Freunde.

Ich habe selber in schmerzhafter Erinnerung, wie der kindliche Ärger über Einschränkung, Fremdbestimmung oder Ausgeschlossen-Sein mehr oder weniger spielerisch und durchaus bösartig an andern Kindern ausgelassen werden kann. Mit etwa zehn Jahren hatte ich zwei Freundinnen, und wir spielten oft zu dritt. Eintracht und Gleichgewicht sind in einer Gruppe von drei Mädchen nicht leicht zu erhalten, und es entstehen Verbündungen und gar Verschwörungen von zweien gegen eine.

So wurde ich an einem freien Nachmittag im Laufe eines Versteckspiels von meinen Freundinnen auf dem Balkon ein- bzw. ausgesperrt. Wie lange die Gefangenschaft dauerte, weiß ich nicht mehr, eine halbe Stunde, eine Stunde, es schien mir wie eine Ewigkeit, denn die Gefühle der Ohnmacht und Demütigung waren überwältigend. Der Balkon war im zweiten oder dritten Stock, so daß ich mich nicht selbst befreien konnte, und auf keinen Fall wollte ich um Hilfe schreien, um nicht als Spielverderberin und Verräterin endgültig aus der Freundinnengruppe ausgeschlossen zu werden.

Eingeschlossen sein, ausgeschlossen sein, sich befreien und gefangen nehmen sind Elemente von Fang- und Versteckspielen, aber auch immer wiederkehrende Themen in dramatisierten Handpuppenspielen: Der Polizist nimmt den Kasper fest, und diesem muß es unbedingt gelingen, sich zu befreien. Die Prinzessin wird gefangen und befreit, oder der Schatz wird gestohlen und zurückerobert. In einem späteren Kapitel werden wir auf das Kasperspiel noch näher eingehen.

Es wäre aber falsch anzunehmen, Gefühle des Gefangen-Seins, des Eingeschlossen-Seins könnten nur durch die konkrete Erfahrung entstehen. Eine frühe Krankheitserfahrung, eine Entwicklungshemmung oder Überängstlichkeit der Eltern können dazu führen, daß ein Kind sich als gefangen, angebunden erlebt.

Dazu ein Beispiel aus meiner Praxis: Der fünfjährige Peter, Kind einer durch traumatische Erfahrungen sehr verunsicherten und ängstlichen Mutter, leidet unter Sprachstörungen und Trennungsängsten. Zu Beginn jeder Stunde verwandelt er sich sofort in Karatekid, der mich, den „bösen Mann", bekämpft und mit magischen Mitteln immer wieder tötet. In späteren Stunden werde ich mit Seilen gefesselt, und im zweiten Therapiejahr wagt es Peter, sich vom „bösen Mann" fangen und fesseln zu lassen, um sich aus den Fesseln zu befreien, sobald ich mich als Bösewicht befriedigt schlafen gelegt habe.

In diesem Spiel können wir beobachten, wie das Kind zuerst versucht, seine Angst vor dem männlichen Eindringling zu überwinden, indem es diesen bekämpft und unter Kontrolle bringt. Wir können in diesem Bösewicht den gefürchteten Vater sehen, der sich zwischen ihn und seine Mama drängt oder mit dieser streitet. Wir können den

„bösen Mann" aber ebenfalls als einen anstehenden „männlichen" Entwicklungsschritt verstehen, den Peter als von außen aufgedrängt erlebt, von dem er sich überfordert fühlt und gegen den er sich wehrt. Es ist interessant, die Weiterentwicklung des Spiels zu verfolgen und zu beobachten, wie das Kind sich in der Folge immer wieder die Erfahrung verschafft, sich von der Abhängigkeit zu befreien und Anbindung, Fremdbestimmung und Ohnmacht zu überwinden.

Bewegungsspiele, Tanzen, Zielen und Ballspielen

Als Erwachsene können wir immer wieder nur staunen, wenn wir Kindern bei Bewegungsspielen zuschauen. Welche Energie, Ausdauer und Unermüdlichkeit legen sie zum Beispiel beim Fußballspiel oder bei Hüpfspielen an den Tag.

Über Bewegungsspiele verschafft sich das Kind Autonomie, Kontrolle über seinen Körper und Informationen über Materie und Raum. Uns ist bewußt, daß es durch üben, trainieren und rivalisieren seine Leistungen verbessert und dadurch sein Selbstgefühl und sein Selbstvertrauen stärkt.

Wir wollen uns aber auch in diesem Kapitel nach der besonderen Erfahrung fragen, die eine bestimmte Bewegung oder Geste dem Kind verschafft. Welche Richtung, welche Form, welche Spannung hat die gewählte Geste? Was bedeutet es dem Kind, gerade diese Art von Bewegung immer wieder zu wiederholen?

Sicher teilen viele Leser die Erinnerung an übermütige Fall- und Springspiele auf Betten, Matratzen und Kissen. Ich liebte es über alles, mit Cousinen und Cousins in das Ferienhaus meines Patenonkels in den Bergen eingeladen zu werden. In einer Kammer standen gleich zwei Kajütenbetten, die richtig zum Herumtoben einluden. Matratzen und Kissen wurden auf den Boden geschichtet, um unsere Purzel- und Springkünste zu empfangen. Aufregendes Sich-fallen-Lassen und wohliges Ins-Weiche-Sinken waren Quellen unendlicher Vergnügen. Auf dem Bauernhof einer Schulkameradin erlebte ich ähnlich aufregenden Spaß, denn wir sprangen dort stundenlang von der Diele in den Heustock. Ich erinnere mich aber auch, daß ich einmal nicht wohlig auf dem Heu, sondern sehr schmerzlich mit dem Fuß auf einer Heugabel gelandet bin.

Sich fallen zu lassen, ins Weiche springen, das sind wunderbare und lustvolle Erfahrungen, die uns immer wieder bestätigen, daß eine uns bejahende, freundliche Welt da ist, um uns zu empfangen.

Frühe Erfahrungen von Weichheit sind uns allen eigen. Sie stammen aus unserem vorgeburtlichen Erleben im Mutterleib und aus der Säuglingszeit, als wir in mütterlichen oder väterlichen Armen aufgehoben waren. Aber auch die entgegengesetzte Erfahrung von der Möglichkeit, fallen gelassen zu werden, hat tiefe Wurzeln in der persönlichen und kollektiven Psyche. Es handelt sich um die Angst, auf hartem Boden oder spitzen Steinen zu zerschlagen oder gar im Leeren verloren zu gehen. Eine derartige Angst stellt unser Grundvertrauen in die freundliche Welt in Frage.

Der fünfjährige Thomas weigert sich, mit Menschen, die nicht zu seiner Familie gehören, zu sprechen und ist immer wieder Opfer von verzweifelten Trotzanfällen. So bleibt er auch während der ersten Therapiestunde stumm. Im Sandkasten macht er mit ernstem Gesicht ein paar Löcher, die er gleich wieder mit Sand zudeckt. Um ihn aufzumuntern, setzt ihn seine Mutter auf den großen Gymnastikball. Als ich sehe, daß er draufstehen möchte, lege ich rasch große, weiche Kissen rund um den Ball. Auf diese läßt er sich nun fallen, um sich gleich danach von mir an den Beinen wieder auf den Ball hinaufziehen zu lassen. Genüßlich lachend und wie verwandelt läßt er sich nun immer wieder ins Weiche fallen. Er verschafft sich eine Art „Insweichefalltherapie", bis ich mich erschöpft setzen muß.

Später gibt mir Thomas zu verstehen, daß er diese Erfahrung des im Weichen aufgefangen werden braucht, um tiefe Ängste vor dem Fall in ein Loch, ins Nichts zu kompensieren und zu überwinden. Er versucht z.B., diese Ängste mit großartigen Phantasien zu bändigen: Hunderte von Matratzen müßten ihn vor dem tödlichen Zerschellen auf hartem Grund schützen.

Universal verbreitete Fall- und Springspiele gehören vor allem zu den sommerlichen Wasserspielen. Wenn aus dem passiven Sich-fallen-Lassen ein aktives Springen wird, zeigt das Kind, daß sein Ich den eigenen Körper bewußt auf die Probe stellt. Es verläßt den sicheren Standpunkt und nimmt das Risiko auf sich, im Wasser zu versinken. Es tut dies im Vertrauen, daß das weiche Element es nicht nur freundlich empfangen und nicht beschädigen, sondern auch wieder auf sicheren Grund entlassen wird. Je tiefer das Wasser, je höher das Sprungbrett oder der Felsvorsprung, desto größer muß das Vertrauen in den eigenen Körper sein.

Größere Kinder können dabei stundenlang immer neue Varianten ausprobieren. Das Erlebnis, es zum erstenmal gewagt zu haben oder für den Sprung eine Stufe höher hinaufgestiegen zu sein, sind „Meilensteine des Selbstvertrauens". Kleinere Stadt- und Dorfkinder machen ähnliche Erfahrungen auf der Rutschbahn im Spielpark. Es wagen sich die, im Gleiten ihren Körper dem Schwergewicht anzuvertrauen, die wissen, daß sie wieder auf die Beine kommen werden. Anfangs brauchen sie vielleicht noch die helfende Hand einer Vertrauensperson.

Eine besondere Variante des Fallens ist der Purzelbaum: Kopfüber lasse ich mich fallen, unten wird oben, die normale Körperordnung, die „Kopfobenordnung", wird absichtlich aufgegeben, überrollt und am Ende wieder hergestellt. Die Angst vor dem Fall, vor der Zerstörung im passiven Sturz, vor dem Fallen ins Chaos wird aktiv angegangen. Der Fall wird aktiv herbeigeführt, die Angst ausgehalten und durch gesteuerte Bewegung unter Kontrolle gebracht. Das

Erlebnis kann so in Worte gefaßt werden: „Ich kann es wagen, mich fallen zu lassen, mich und die Welt auf den Kopf zu stellen, da ich fähig bin, aus eigener Kraft wieder auf die Beine zu kommen" (Zitat Marjasch 1964).

Meist sind es gerade Kinder, die an mangelndem Selbstvertrauen leiden, die im Laufe der Therapie beginnen, Purzelbäume zu wagen. Ein Maximum an Genugtuung wird erreicht, wenn der Mut dazu reicht, soviel Schwung in das Sich-fallen-Lassen zu geben, daß man es schafft, am Ende wieder auf den Füßen zu landen.

Es ist wichtig, daß das Kind seine Mutproben selber wählen, organisieren und dosieren kann. Durch Druck von ehrgeizigen Erwachsenen können Gefühle von Überforderung und Fremdbestimmung entstehen. Angst ist ein wichtiges „Gefahrenbarometer". Das Kind soll seine Angst spüren und zeigen dürfen. Kinder, die Angst vor körperlichem Unvermögen oder vor Unfähigkeit leugnen, gehen zu hohe Risiken ein und begeben sich in Unfallgefahr.

Oft wird der Erwachsene zu Beginn als Ich-Stütze gebraucht. So benötigt der verunsicherte sechsjährige Konrad nicht nur ein weiches Riesenkissen, auf dem er mit seinem Purzelbaum landen kann, sondern ich muß auf dem Boden hinter dem Kissen sitzen und es persönlich in den Armen halten.

Neben dem Springen ins Weiche, ins Wasser, in die Rolle erfinden und erproben Kinder Sprünge aller Art. Beobachten wir zwei Mädchen bei ihren Hochsprungspielen:

Vor ein paar Jahren saß ich müßig auf einer Aussichtsterrasse hoch über dem Meer und konnte das Spiel eines acht- oder neunjährigen Mädchens auf einer etwas tiefer liegenden Terasse bewundern. Eine Frau um die Dreißig, in der ich die Mutter zu erkennen glaubte, stand am Geländer und schaute in die Weite. Das Mädchen tanzte und hüpfte unermüdlich um die Mutter herum, ohne daß diese irgendwie reagiert hätte. Auf der Terrasse waren Wäscheleinen hin und her gespannt. Das Mädchen rannte immer wieder zum einen Ende der Terrasse, um nach einem Anlauf mit einer Serie von Hochsprüngen ein Seil nach dem anderen zu berühren. Für mich ergab sich aus diesem tänzerischen Sprunglauf ein äußerst graziöses Spektakel. Die Mutter blieb abgewendet und rührte sich nicht. In ihrer abwesenden Starre lag etwas sehr Depressives. Nach einer Weile gesellte sich eine ältere Frau, wahrscheinlich die Großmutter, zu ihr. Das Mädchen sprang an ihr hoch, umarmte sie und tänzelte um beide herum. Nach einer Weile ging die ältere Frau zurück ins Haus, und das vorangegangene Schauspiel begann von neuem: Die Mutter unbeweglich, in der Ferne verloren, und die Tochter auf den tänzerischen Hochsprung zwischen den Seilen konzentriert, immer wieder einmal bei der Mutter haltmachend.

Ich kannte dieses Kind und seine Mutter nicht, wußte nichts von ihnen, und doch ist dieses Bild mit seinem Kontrast in mir hängen geblieben. Das Mädchen schien mir seine ganze kindliche Lebendigkeit in sein Bewegungsspiel zu setzen, wie um sich immer wieder zu bestätigen: „Ich bin lebendig, ich springe in die Luft vor Lebensfreude." Sie schien mit ihrem Spiel der Mutter zuzurufen: „Schau mir doch zu, wie gut ich es kann, schau was für eine fähige Tochter du hast! Aber auch wenn du mich nicht bemerkst, wenn du traurig und abwesend bist, ich bin lebendig, ich schaffe es, meine Ziele in der Höhe zu erreichen."

Mit dem Sprung in die Höhe, mit dem Überspringen von Leisten und Hürden bestätigen sich die Kinder ihre Fähigkeit, Hindernisse zu überwinden.

Franziska wird mir von ihrer Mutter zur Therapie empfohlen. Sie ist fünf und seit der Geburt ihres Bruders vor zwei Jahren immer verschlossener, bockiger und gegen die Kameraden im Kindergarten aggressiv geworden, auch hat sie wieder mit Bettnässen begonnen. Während des ersten Therapiejahres hat Franziska im Spiel immer wieder durch Spiele des Füllens, des Nährens und des Kochens ihre Gefühle von Leere, Mangel und ihre Angst vor Vernachlässigung dargestellt und zu überwinden gesucht (wir werden noch darauf zurückkommen). Nach dieser Phase konzentriert sie sich auf Spiele des Wettspringens. Zuerst organisiert sie ein Pferdespringen mit Holzpferdchen, Stäbchen und Klötzchen, und ich muß für die Sieger Medaillen anfertigen. Später stellt sie sich selber auf die Probe: Mit Klötzen und Latten baut sie für sich selbst Hindernisse. Immer höher werden die Sprünge, die auch Franziska wohlig und sicher im weichen Kissen landen lassen. Mir wird die Aufgabe zugeteilt, die Sprungkünste auf der Wandtafel grafisch festzuhalten, und die Goldmedaille gewinnt natürlich Franziska selbst. Zwei Wochen später gibt sie mir zu verstehen, daß sie die Therapie nun nicht mehr braucht.

In diesem Beispiel wird offensichtlich, daß das anfänglich depressive und verunsicherte Kind sich selbst auf die Probe stellt. Es zeigt sich und mir, daß es nun imstande ist, mit wachsendem Selbstvertrauen seine als Hindernisse verkörperten Schwierigkeiten in Angriff zu nehmen und zu überwinden.

Das Thema des spielerischen Überspringens und Überwindens von Hindernissen finden wir in den vielen universal verbreiteten Hüpfspielen der Kinder im Grundschulalter. Die zu überspringende Hürde wird als elastisches Band immer höher gespannt oder als begrenzende Linie in bekannten Mustern auf den Boden gezeichnet. Diese stellen die Welt bzw. die Wochentage dar. Kreuzförmig angeordnete Quadrate sind zu überspringen und in einer Steigerung von immer schwierigeren Regeln zu meistern. Die Benennung des Spiels als Weltspiel und der Ablauf der Sprünge nach den Wochentagen zeigt uns, daß dem Spiel neben der Ertüchtigung und Verfeinerung der Motorik ein symbolischer Sinn innewohnt. Es geht darum, die Fähigkeit, Tag für Tag die anstehenden Probleme in Angriff zu nehmen, zu lösen und die Schwierigkeiten im „weltlichen" Wettstreit zu überwinden. Wenn dies im ersten Ansatz nicht gelingt, so wird es im zweiten oder dritten gelingen, nach dem Motto: „Ich werde wieder an die Reihe kommen."

Es ist auffällig, daß diese Spielart des Sich-Messens und des Trainierens von Problembewältigung vorwiegend von Mädchen gewählt wird. Bei diesen Spielen kann allein geübt oder neben- und nacheinander trainiert und rivalisiert werden, aber es geht nicht um direkten Kampf, wie beim Fußball- und Hockeyspiel. In einem späteren Kapitel werden wir uns nach der Bedeutung geschlechtlich spezifischer Spielwahl fragen.

Wenn man sich selbst an frühere Bewegungserfahrungen erinnert, wird sicher bald das „Schaukeln" in den Sinn kommen. Ob wohl der schweizerdeutsche Ausdruck „Giereizi", den wir für unsere einfachen Schaukeln aus einem Brett und zwei Seilen brauchen, etwas mit Reiz und Gier zu tun hat? Wohl kaum, und trotzdem möchte ich mit dieser Analogie spielen. Sich selbst in die Luft schaukeln, mit den Rumpfmuskeln immer etwas höher hinaufstoßen; sich vielleicht von einem größeren Kind oder einem Erwachsenen anstoßen lassen, bis es am höchsten Punkt vor Erregung im Bauch kribbelt und der Atem stockt – das ist eine äußerst lustvolle Erfahrung. Im Schaukeln können wir genüßlich unsere Lebenslust, unsere Lebensgier reizen.

Wie gut tut es, wenn man als Kind den Forderungen der auf Fortschritt und Lernen ausgerichteten Umwelt für eine Weile entwischen kann, um statt dessen zu schaukeln, sich in einer Pendelbewegung zu wiegen, die nirgends hin strebt, sondern rhythmisch immer wieder zum eigenen Schwerpunkt zurückkommt, zum Hier und Jetzt.

Beim aktiven Schaukeln kann das Kind selbst dosieren, ob es sich wiegen oder ob es sich an- oder aufregen möchte. Das autoerotische Element beim Schaukeln entspringt der vorpubertären, infantilen Sexualität, die sich noch nicht auf die Geschlechtsorgane konzentriert, sondern über die Muskeln und Haut des ganzen Körpers Lust vermittelt.

Wie bereits in der Einleitung erwähnt, kann triebhafte Erregung, wenn sie das vom kindlichen Ich tolerierbare Maß übersteigt, Angst, Schrecken und sogar Gefühle der Panik auslösen. Deshalb ist es wichtig, daß der Erwachsene, wenn er mit Kindern erregende Schaukel- und Tobspiele veranstaltet, sich von den Wünschen und Bedürfnissen des Kindes und nicht von den eigenen leiten läßt.

Ich erinnere mich an ein genüßliches Spiel auf den Knien meines Vaters. Er schaffte es, uns zu viert auf seinen Knien zu schaukeln. Er war die Eisenbahn oder das Postauto und wir die Passagiere. Über Berg und Tal wurden wir geschaukelt und geschüttelt, und sausend ging es um die Kurven. Aufgeregt kreischend hielten wir uns aneinander geklammert, und irgend wann kippte die ganze Gesellschaft um.

Eine besonders eintönige Art des Schaukelns ist typisch für Kinder mit autistischem Verhalten. Markus, den ich im Alter von fünfeinhalb Jahren kennenlerne, beginnt schon seit drei Jahren seine Tage immer mit dem gleichen Ritual: Kaum aufgestanden, setzt er sich für eine halbe Stunde auf das Sofa, um sich zu schaukeln. Seine Bewegung verändert sich nie, beim Zurückschaukeln stößt er mit dem Kopf an die Polsterlehne, immer am selben Ort, so daß ihm am Hinterkopf eine kreisförmige kleine Glatze entstanden ist.

Was kann ein Kind zu solch eintönigem Verhalten veranlassen? Wieso braucht es dieses monotone Schaukelspiel, um seinen Tag zu beginnen? Wir können uns vorstellen, daß ein Kind sich durch wiegen und schaukeln trösten möchte. Wir wissen, daß wiegen und Wiegenlieder singen beruhigend wirken, besonders, wenn diese immer dem gleichen, ruhigen Rhythmus folgen. Stundenlang mußte ich meine kleine zweijährige Tochter in den Schlaf wiegen, da sie sich in ihrem täglichen Leben durch einen Umzug und durch zu frühe Autonomieforderungen gestreßt fühlte. Was soll nun aber das frühmorgendliche eintönige, unveränderliche Schaukelspiel von Markus bedeuten?

Meine Erfahrung mit autistischen Kindern hat mich

gelehrt, daß das autistische Verhalten ein extremes Abwehrverhalten ist. Eine sehr frühe oder sehr tiefgehende Existenzbedrohung muß vom autistisch gestörten Kind mit seiner ganzen ihm zu Verfügung stehenden Energie ferngehalten werden. Durch das monotone Wiegen kann Markus einen unveränderlichen Ruhezustand herstellen, indem alles aktive Tun und Geschehen vermieden wird, denn jede Aktivität könnte wieder in einer psychophysischen Katastrophe, wie B. Pfleiderer (1990) diese überwältigende Erfahrung nennt, münden. Gleichzeitig verschafft diese autoerotische Stimulation – bei manchen dieser Kindern kommt es zu rhythmischen, masturbatorischen Gesten – die Empfindung, lebendig zu sein. Im autistischen Schaukeln verschafft sich das Kind das Gefühl, sich selbst am Leben erhalten zu können. Tragischerweise geht diese ausschließliche Anstrengung auf Kosten jeglicher differenzierter Wahrnehmung und der Persönlichkeitsentwicklung.

Zum autistischen Spielverhalten gehört oft auch eine rudimentäre Art des Tanzes. Einige dieser Kinder drehen sich immer wieder, manchmal ganz unerwartet, um die eigene Achse. Die Drehbewegung hat mit der Schaukelbewegung die Richtungslosigkeit gemeinsam. Die Bewegung führt nirgends hin, sondern pendelt oder dreht sich um das Körperzentrum. Ist die rotierende Tanzbewegung eintönig, stereotyp, so können wir dahinter das gleiche Bedürfnis erkennen: das eigene Leben, unter Ausschluß jeder Veränderung und Gefahr zu erhalten. Die autistische Störung beginnt vor der Bildung eines Ichs, das aktiv reagieren und sich mit einer symbolischen, spielerisch sinnvollen Geste schützen könnte.

Auch der eintönige, immer gleichen Rhythmen folgende Tanz Jugendlicher in den Techno-Discos hat wohl hauptsächlich den Zweck, den stressigen, frustrierenden Einfluß von äußeren und inneren Forderungen auszuschalten. Techno-Musik lädt zu der spielerischen Erfahrung ein, endlos um die eigene Achse zu pendeln und zu rotieren, um einfach zu sein und nicht tun, machen und schaffen zu müssen.

In der tanzenden, spielerischen Drehbewegung ist das Kind – aber auch der Erwachsene – einfach in sich und um sich herum. Ein gesundes Kind kann sein altersgemäß strukturiertes Ich „auf Urlaub schicken", es kann seinem strebenden Eifer Pausen erlauben. Wenn ich mich tanzend dem So-Sein hingebe, um mich selber dynamisch in meinem eigenen Rhythmus zu spüren, je nach Lust und Laune wiegend ruhig oder wild übermütig, so bestätige ich mich. Ich erlaube meinem körperlichen Selbst, sich selber in seiner Lebensberechtigung zu bestätigen, fern von jeder Leistungsforderung. Wenn wir die menschlichen Bedürfnisse des So-Seins eher dem weiblichen Prinzip zuordnen und die Bedürfnisse des Tuns, Machens und Schaffens eher dem männlichen Prinzip, so können wir verstehen, daß Mädchen in ihrer Suche nach der Festigung ihrer geschlechtlichen Identität eher zu tänzerischen Aktivitäten neigen und Jungen eher zu zielgerichteten und kämpferischen. Was natürlich nicht heißen soll, daß in jedem Kind nicht auch beide Bedürfnisse zum Ausdruck kommen.

Der achtjährige, aus einem südlichen Land stammende Daniel leidet an Mangel an Selbstvertrauen, an Trennungsängsten und Schulversagen. Nachdem er in den ersten Therapiestunden mit meiner Hilfe wunderbare Prinzessinenkleider und ein Himmelbett für seine Holzpuppe angefertigt hat, müssen wir ihm selbst einen Rock mit breiten Rüschen anfertigen. Damit bekleidet, tanzt er einen wunderbaren, nicht mehr enden wollenden Tanz, wobei er sich immer wieder um die eigene Achse dreht. Fasziniert bewundere ich diese bezaubernde Vorstellung. Mit seinem ganz persönlichen, theatralisch ausgeschmückten Tanz bestätigt Daniel sich und mir sein Recht auf Teilhabe am dynamischen Wunder des zyklischen „weiblichen" Daseins.

Meine elfjährige großstädtische Nichte Laura besucht eine Schulklasse, in der Kinder ausländischer Herkunft überwiegen. Die Klasse besteht aus spanischen, südamerikanischen, italienischen, slawischen, albanischen und insgesamt nur zwei schweizerischen Kindern. Laura verfügt über eine sehr gesellige, spritzlebendige Persönlichkeit.

An einem freien Tag im Spätfrühling verbringt Laura den Nachmittag mit ihren Eltern und mir im Garten. Keine Spielgefährten stehen zur Verfügung, und die drei Erwachsenen sind mit lesen und kochen beschäftigt. So baut sich Laura mit Stühlen eine Art Bühnenbild und ein hochvergnüglicher, lärmender, sich um niemand und nichts kümmernder Tanz geht los. Die Musik wird selbst gesungen und gejohlt, internationale, mir unverständliche Worte gesellen sich zu südamerikanischen Rhythmen. Es wird gesprungen, auf den Stühlen balanciert und auf dem Tisch pirouettiert, ein Spaß und eine Augenweide für die Tante. Die Mutter, wohl des öfteren mit solch lauten vorpubertären Hitparaden konfrontiert, ruft immer wieder einmal aus der Küche. Laura solle doch bitte etwas „herunterschalten". Ich bewundere in Lauras Spiel ein ausgezeichnetes Beispiel von vorpubertärer, tänzerischer Selbstbestätigung. Spielkameraden sind keine da, die Erwachsenen langweilig. So schafft sich Laura eine eigene Welt. Zu ihrem eigenen Vergnügen setzt sie sich mit ihrer ganzen überbordenden Lebenslust in einer Kombination von Rockkonzert, burschikoser Springparade und lustig mädchenhaftem Sambatanz in Szene.

Bei der Differenzierung von Bewegungsspielen größer werdender Kinder, sei dies im Schaukeln, im Springen, im Tanz, ist das Erreichen und Erhalten von Gleichgewicht ein wichtiges Element. In meiner Praxis erlebe ich, daß Kinder in den mittleren Schuljahren oft gegen Ende der Therapie spezielle Gleichgewichtsspiele suchen. In meinen Therapieräumen sind Gleichgewichtsscheiben und ein großer Gymastikball vorhanden, die für solche Spiele geeignet sind. Schon öfters wurde ich von Kindern aufgefordert, die Zeit zu bemessen, die sie im Gleichgewicht auf einem großen Ball sitzend oder kniend verbringen können.

Bei diesem Gleichgewichtsspiel geht es nicht um eine dynamische Bewegungserfahrung, sondern um die Fähigkeit, den eigenen Schwerpunkt zu finden, um die Erfahrung, sich unbeweglich auf das eigene Körperzentrum zu konzentrieren und dieses zentrierte Sein gegen jede Veränderungstendenz zu verteidigen.

Das Kind, das seine ganze Aufmerksamkeit darauf verwendet, minutenlang unbeweglich in einer vom Fall bedrohten Stellung auszuharren, erlebt am eigenen Körper die Fähigkeit, sich nicht aus dem Gleichgewicht bringen zu lassen. Es spürt die Kraft, einen eigenen, persönlichen Standpunkt gegen äußere Einflüsse halten zu können.

Für Bewegungsspiele von größeren Kindern, die darin ihr Selbstbewußtsein bestätigen wollen, spielt das Gleichgewicht eine zentrale Rolle. Denken wir zum Beispiel an das Radfahren, ans Rollschuh-, Schlittschuhlaufen oder ans Klettern. Mein Kletterspiel, von dem ich auf den ersten Seiten dieses Buchs erzählt habe, hat mir wohl nicht nur einen luftigen Überblick über meine nicht immer heiß geliebten kleinen Geschwister und eine wohltuenden Abstand von meinen familiären Pflichten verschafft, sondern auch einen selbstbestätigenden Stolz auf meine Geschicklichkeit und mein Gleichgewichtsvermögen.

Die Flucht von der frustrierenden Realität auf die Bäume, das rettende Klettern auf eine andere, nicht fremdbestimmte und pflichtfreie Ebene hat Italo Calvinos „Baron auf den Bäumen" in dem gleichnamigen Buch konsequent zu Ende gespielt. Eines Tages, im Alter von zwölf Jahren, wird er wieder einmal am Familientisch dazu gezwungen, von ihm gehaßte Schnecken zu essen. Diesmal ist das Maß aber voll, und er klettert, ohne ein Wort zu verlieren, aus dem Fenster auf den davorstehenden Baum. Ein schicksalhafter Entschluß, denn aus dem Spiel wird eine Wahl für das Leben. Er wird seine Höhenlage nicht mehr verlassen. Jahr für Jahr, von Baum zu Baum, von Wald zu Wald kletternd, nimmt er abgehoben als Eigenbrötler nur aus der Vogelperspektive am

Leben seiner Mitmenschen teil. Will jemand mit ihm kommunizieren, muß er zu ihm in die luftige Höhe klettern.

Im Alter der Gleichgewichtsspiele, etwa ab sieben, acht Jahren, wird ein anderes Bewegungsspiel interessant, das Zielen. Bei diesem Spiel wird vor allem die Koordination zwischen Augen und Hand gefordert. Der psychologische Wert, der persönliche Sinn solchen Tuns wird durch viele sprachliche Wendungen offenbar. „Zielstrebig-Sein", „auf ein Ziel hin arbeiten", „zielgerichtet voranschreiten" sind Ausdrücke, die wir täglich brauchen. Das zielgerichtete Voranschreiten oder zielstrebig Sein ist für Kinder mit Mangel an Selbstvertrauen sehr wünschenswert, aber oft schwer zu realisieren. Das zeigt uns wieder der verunsicherte, autistisch gestörte Markus mit seinem Spiel. Nach zwei mißglückten Versuchen, das Zentrum der Zielscheibe mit der Armbrust zu treffen, klebt er einfach mit der Hand den Gummipfeil auf die zentrale Hundert.

Das Vertrauen in die eigene Zielgerichtetheit wird nicht allen in die Wiege gelegt. Oft wird es durch frustrierende Erfahrungen auf harte Proben gestellt. Entwicklungshemmungen, Krankheiten, verunsichernde Erfahrungen im Familienkreis oder unverständige, selbst frustrierte Erwachsene können das Vertrauen in die eigene Zielstrebigkeit beeinträchtigen.

So wird das spielerische Zielen auf ein selbstgewähltes Zentrum zu einer wichtigen Erfahrung. In der therapeutischen Situation ist das Vertrauen der Therapeutin ein unterstützender Faktor. Desgleichen können aber auch andere Menschen, ein Lehrer, eine Großmutter, ein Onkel, ein optimistischer Freund vertrauenerweckend wirken. Das Erlebnis, mit sich selbst und anderen beim Zielen zu wetteifern, Punkte zu sammeln und sich bei Fehltreffern nicht von Minderwertigkeitsgefühlen überwältigen zu lassen, stärkt das Selbstvertrauen. Auch wenn nicht jeder Versuch von Erfolg gekrönt ist, überzeugt sich das Kind von seiner eigenen Zielgerichtetheit.

Der Schuß mit der Armbrust, mit Pfeil und Bogen, mit Gewehr oder Pistole kann aber auch einem personifizierten Ziel gelten. Wenn Paul eine Karikatur an die Wandtafel zeichnet und diese eifrig beschießt, um mir nachher zu erklären, daß es sich um seinen strengen Lehrer handelt, so gesteht er sich und mir damit seine Wut und seine Rachegefühle. Das aggressive Zielen werden wir im Kapitel des spielerischen Jagens, Kämpfens und Kriegens noch näher betrachten.

In vielen kollektiven Spielen von größeren Kindern und Erwachsenen finden wir das Element des Zielens wieder. Denken wir zum Beispiel an das in England beliebte Pfeilschießen, an das südländische Bocciaspiel, an das Kegeln, das Golfspiel oder an die bunten Schießbuden auf dem Jahrmarkt.

Nun möchte ich noch das allgegenwärtige Ballspiel und vor allen das Fußballspiel deuten. Trotz meiner weiblichen Identität habe ich in meiner therapeutischen Arbeit mit Jungen oft mehr als gewünscht mit diesen Ballspielen zu tun: Fußball, Fußball über alles!

Es grenzt ans Unglaubliche, welche Unmengen von Energie weltweit in dieses Spiel investiert werden. Welche Heere von Zuschauern, Spielern, Journalisten, Industriellen sind an der Fußballwelt beteiligt! Fußball ist ein komplexes, internationales gesellschaftliches Phänomen.

Anhand einiger Beispiele möchte ich hier versuchen, dem Sinn dieses Spiels näher zu kommen. Kaum ein Junge zwischen vier und zwölf, der während seiner Therapiestunden nicht zeitweise seine Füße einem Ball zugewendet und mich mehr oder weniger explizit zum Fußballspiel provoziert hätte. Auch Mädchen lassen manchmal ihre Füße vom Ball verführen. Des öfteren bevorzugen sie aber die Hände und spielen Volley-, Korbball oder Tennis.

Die siebenjährige Gabi spielt während der letzten zehn Minuten jeder Therapiestunde Fußball. Mit zwei Klötzen begrenzt sie ihr Tor, das etwa sechzig Zentimeter breit ist und baut ein zweites, viel breiteres für mich. Abwechselnd müssen wir Tore schießen. Wenn ich an der Reihe bin, setzt sich die schlaue Gabi einfach in ihr Tor, so daß ich nicht die kleinste Chance habe, mir einen Punkt zu holen. Sie dagegen erspielt sich ein Tor nach dem anderen. Auch muß ich die Zahl ihrer Tore aufschreiben, und beim nächsten Spiel werden die neuen Tore dazu gezählt. So steigert sich das Resultat Woche um Woche: sechzehn zu null, neununddreißig zu null, zweiundsechzig zu null, und so weiter.

Gabis Spiel läßt keinen Zweifel: Sie braucht die absolute Erfahrung, ihr Tor, ihren Eigenraum vor jedem Ein- oder Angriff verteidigen zu können. Anderseits will sie einen totalen Sieg. Am Ende der Sitzung möchte sie ihre Therapeutin ohnmächtig und mit null Punkten zurücklassen.

Die verzweifelte Übertreibung in Gabis Spiel wird verständlich, wenn wir in Betracht ziehen, daß sie ein zweitgeborenes Zwillingskind ist, das nach der Geburt als noch lebensuntüchtig allein im Brutkasten im Krankenhaus zurückblieb. Als sie endlich auch nach Hause durfte, fand sie Mutters Brust und Arme „besetzt" und mußte mit der Babyflasche vorlieb nehmen. Auch später hinkte sie immer hinterher. Sie tat alles, um den Bruder nachzuahmen, mußte dann aber trotzdem wegen „Unreife" ein Jahr später eingeschult werden. Wenn nun Gabi von ihrer Therapeutin am Ende der Stunde weggeschickt wird, versetzt sie diese in einem spielerischen Racheakt in die ohnmächtige Verliererrolle, die ihrer frühkindlichen und oft auch heutigen Situation entspricht. Gleichzeitig verschafft sie sich die kompensatorische Erfahrung des Sieges.

In Gabis Spiel werden zwei Aspekte des Fußballspiels klar sichtbar: Bei der Rolle des Torwächters geht es um die Verteidigung gegen eine eindringende Bedrohung. Bei der Rolle des Stürmers handelt es sich um einen aggressiven Angriff auf einen zu besiegenden Feind und Gegner.

Willi ist fünf, eher draufgängerisch, etwas plump und ungeschickt mit seinen Händen. Seine dreijährige Schwester ist dagegen feingliedrig und „herzig". Seit einiger Zeit leidet er an unbändigen Wutanfällen, wenn nicht alles nach seinen Gewohnheiten abläuft. Seine Großeltern befürchten, er sei vielleicht geistig nicht ganz normal.

Willi ist absolut und ausschließlich vom Fußball begeistert. Fan der lokalen Fußballmannschaft, lernt er sogar lesen, um die Resultate in der Zeitung verfolgen zu können. In der Therapiestunde komme ich als gegnerische Mannschaft schwer unter Beschuß. Mit seiner ganzen Energie greift mich Willi an, schießt mir Tore nach allen Regeln der Kunst, und eines Tages kriege ich wieder einmal eins ans Schienbein. Da mir das nun doch zu viel wird, erkläre ich ihm, daß er mich wohl so bekämpft, weil ich ihm wie ein Bösewicht oder wie eine Hexe vorkomme. Ich fordere ihn auf, die „hexige" Frau Rossetti mal an die Wandtafel zu malen und dort zu bekämpfen. Es entsteht die Zeichnung eines menschlichen Monsters, mit zu Berge stehenden Haaren und bedrohlichen Zähnen, das mit dem Ball und anderen Geschossen traktiert wird.

In Willis Spiel wird die aggressive Komponente im Fußballspiel besonders gut sichtbar. Der aggressive Fußtritt, die „Bombe", gilt der bedrohlich frustrierenden Therapeutin. Sie steht wohl für die scheltenden Eltern und Großeltern, die in Willi den unartigen, ungeschickten und anormalen Jungen verurteilen und dabei den von ihrer Anerkennung und Liebe abhängigen kleinen Knirps übersehen.

Mit der Zeit gestaltet Willi unser Fußballspiel immer realistischer. Mit Klebestreifen werden die Grenzen und Linien eines richtigen Fußballplatzes markiert, und alle Regeln müssen streng eingehalten werden. Willi ist nun sechs und lernt mit Hilfe des Fußballspiels seine explosive Aggressivität unter Kontrolle zu bringen. Spielfeldgrenzen und allgemein gültige Regeln dienen ihm dabei als Werkzeug.

Das Fußballspiel ermöglicht also nicht nur den Ausdruck und die Abreaktion von angestauter Aggressivität. Mit seinen differenzierten Regeln in Raum und Zeit setzt es dieser Aggressivität auch akzeptable Grenzen.

Einen weiteren Aspekt dieses Spiels zeigt uns der dreizehnjährige Roland. In seinem täglichen Leben gefährdet sich dieser Junge immer wieder durch waghalsige Radfahrrennen. Auch ist er ein „Bluffer". Er macht sich lächerlich durch Größenphantasien, mit denen er eigentlich seine Minderwertigkeitsgefühle tarnen möchte und versagt in der Schule. Wegen seines Verhaltens wird er auch aus dem Fußballklub ausgeschlossen, obgleich er sportlich außerordentlich begabt ist.

In vielen Therapiestunden nehme ich sozusagen an Zirkusvorstellungen teil. Neben Gleichgewichts-, Judo- und Tischtenniskünsten werde ich durch Fußballjonglierkünste immer wieder in echtes Staunen versetzt. Mit einer unglaublichen Ausdauer übt Roland vor meinen Augen. Ich muß seine Erfolge genauestens registrieren. Seine Füße und Beine sind so geschickt, daß er den Ball unzählige Male in die Luft kickt, bevor dieser zu Boden fällt. Ich bin beeindruckt. Die Vorführung erinnert mich an jugendliche Mädchenspaziergänge zum dörflichen Fußballplatz, wo wir die tollen Muskelschauspiele gleichaltriger Jungen bewunderten.

Neben dem Bedürfnis, direkte An- und Eingriffe abzuwehren, den Gegner mit dem Ball direkt anzugreifen und zu besiegen, die angestaute Aggressivität auszulassen und in Grenzen zu halten, entspricht dem Fußballspiel auch das Bedürfnis, von anderen, vorzugsweise vom „schwächeren" Geschlecht, als Repräsentant männlicher Geschicklichkeit und Kraft bewundert zu werden. Der Prototyp dieses bewundernden Blickes ist der Blick, den die Mutter ihrem Sohn schenkt. Der kleine Ödipus sonnt sich.

Es werden somit durch Fußballspiel verschiede Bedürfnisse abgedeckt, die typisch sind für größer werdende Jungen. Die Verteidigung im Tor kann zum Beispiel als spielerisches Einüben der Abwehr gegen das Eindringen in die persönliche Sphäre verstanden werden. Besitzergreifendes und anbindendes Überbehüten wird als Angriff auf die männliche Identität, als kastrierend erlebt. Im Spiel wird offenbar, daß die Mutter statt dessen die sich entwickelnde und kraftvolle Männlichkeit bewundern soll. Beim Angriff wird dagegen in spielerischer Weise das Rivalisieren mit anderen geübt. Weit über das ödipale Alter hinaus gilt dieses Rivalisieren innerhalb der Familie natürlich vor allem dem Vater. Mit dem kraftvollen Fußtritt gegen den Ball kann die Wut und der Haß auf die ganze Welt ausgelassen werden, ohne daß jemand tatsächlich darunter leiden muß. Wenn das Spiel nun nicht allein, sondern in einer Mannschaft gespielt wird, kommt das positive Gefühl der Gruppenzugehörigkeit hinzu. Diese sorgt für ein kollektives Identitätsempfinden, welches hilft, Erfolge und Mißerfolge zu ertragen.

Ich träume manchmal von einer Welt, in der alle Kriege auf dem Fußballplatz ausgetragen werden.

Zu den unzähligen Erfahrungen, die ein Kind mit dem Ball in seiner perfekten Kugelform erlebt, werde ich mich hier nicht auslassen. Jeder soll selbst darüber nachsinnen und in der Phantasie mit dem kugelrunden Ball, dessen Oberfläche keine Grenzen hat, der sich ums eigene Zentrum dreht, in jede Richtung rollt, vom Boden abspringt und in die Luft fliegt, spielen dürfen.

Füllen, Sammeln, Horten, Schenken, Verkaufen und Stehlen

Wie sich Spiele entwickeln, wie sie die seelische Verfassung spiegeln, zeigt uns Franziska, die wir in ihrer letzten Therapiestunde beim „Pferdespringen" kennengelernt haben. Sie hatte da genügend Selbstvertrauen und Mut gewonnen, um sich auf die Probe zu stellen. Ein Jahr zuvor war es noch ganz anders. Mit einem lautlosen Spiel teilt sie mir während unseres allerersten Treffens auf eindrucksvolle Weise ihre seelische Verfassung mit:

Franziska kommt in Begleitung ihrer Mutter und schaut vorerst nur mißtrauisch und unzufrieden an mir hoch, um sich nach einem Blick in die Räumlichkeiten von uns abgewendet in die Ecke der Puppenstube zu setzen. Während wir zwei Frauen uns unterhalten, spielt sie vor sich hin, ohne uns zu beachten, hält aber gleichzeitig ihr Tun versteckt. Erst nachdem Franziska mit ihrer Mutter weggegangen ist, wird sichtbar, was sie gewerkelt hat. Vor dem Puppenhaus stehen alle Pfännchen, Schüsselchen und Täßchen in einer Reihe bis zum Rand mit Sand gefüllt. Franziska hat den Sand aus einem kleinen Sandkasten, den ein anderes Mädchen für die Püppchen gebastelt hat, geduldig in alle im Häuschen zur Verfügung stehenden Behälter abgefüllt.

Die Mitteilung ist unmißverständlich: „Alle Töpfe müssen voll sein. Ich will keine leeren Gefäße im Haus." Franziska kennt offensichtlich das Gefühl von Leere allzu gut und möchte es ausmerzen, überwinden. Mit Mutters Auskünften kombiniert wird ihre Mitteilung noch verständlicher: „Wie kann ich fröhlich, lieb und anderen Kindern gegenüber großzügig sein, wenn für mich nichts übrig bleibt?" Schon als Baby gelang es Franziska nicht, die Augen ihrer Mutter zum Strahlen zu bringen. Diese pflegte während der ganzen Schwangerschaft einen schwerkranken Vater, der dann kurz nach Franziskas Geburt starb. Andauernde Trauer in den Augen der Mutter kann im kleinen Kind die Überzeugung wecken, es sei selbst der Ursprung dieser Traurigkeit, es sei der Grund für Enttäuschung, für Mangel an Freude und sei wohl wenig wert.

An Franziskas Beispiel können wir sehen, wie im kindlichen Erleben das positive Gefühl des Daseins, des Seins, des Wertvoll-Seins mit dem Gefühl von Fülle, mit „Haben", direkt verbunden ist. Die beiden sind nicht zu trennen. Es gibt kein Sein ohne Haben. Wer nur Gefühle der Leere, des Mangels kennt, kann kein Selbstwertgefühl aufbauen. Das

Gefühl von Selbstwert entsteht, wenn ich fühle, daß ich im Gegenüber eine emotionale Reaktion auslöse, wenn ich erlebe, daß ich in der Lage bin, anderen etwas zu geben, etwas zu schenken. Im Säugling entsteht dieses Gefühl, wenn er von seinen Eltern, von seiner Umgebung als Geschenk, als Schatz empfangen und erlebt wird. Sicher macht das Kind früher oder später die Erfahrung, daß dem nicht immer so ist. Wenn aber ein kleines Kind sein Gegenüber hauptsächlich in depressiven Gemütszuständen erlebt, so empfindet es grundsätzlich den Mangel an Wert und Inhalt. Deshalb besteht Franziskas erstes Spiel im geschützten therapeutischen Raum ausschließlich im Füllen aller ihrer Töpfe.

Von Menschen, die viel zu geben haben, sagen wir, sie hätten viel Substanz. Schon als Kind kann ein Mensch nicht nur befürchten, „leer" zu sein, er kann auch Angst haben, seine vorhandene Substanz zu verlieren. Markus, den wir beim Schaukeln auf dem Sofa kennengelernt haben, ist im zweiten Therapiejahr über einige Wochen ganz auf den Schüttstein in der Werkstatt konzentriert. Zuerst wird dieser jedesmal säuberlich geputzt. Danach wird er mit Wasser gefüllt, nachdem Markus den Abfluß mit einem Schwammlappen und einem vollen Krug abgedichtet hat. Das Spiel besteht nun darin, den Lappen ein bißchen abzuheben und ein wenig Wasser auslaufen zu lassen. Markus stellt seinen Kopf schräg und ist ganz Ohr. Er lauscht auf das Abfließen des Wassers. Dann macht er den Abfluß wieder dicht, und wir müssen beide lauschen, ob nun auch nicht das mindeste Geräusch von Wasser oder Wassertropfen zu hören sei. Ist dem so, läßt Markus wieder ein paar Kubikzentimeter Wasser laufen.

Nach den vorangehenden Überlegungen ist es nicht mehr schwierig, dieses spielerische Tun zu entziffern. Mit seinem Spiel verschafft sich Markus das Gefühl, den Lauf des Wassers kontrollieren zu können. Er bestimmt, wann und wieviel Substanz ablaufen, abgegeben werden kann. Er selbst entscheidet, ob er laufen lassen oder zurückhalten will. Bereits während des ersten Treffens hat mir Markus gezeigt, wie extrem seine Ängste sind, verloren zu gehen oder die Substanz zu verlieren. Mit Schrecken in den Augen ist er aus der Toilette geflüchtet, als ich dort die ihm unbekannte Spülungsmechanik aktivierte. Er hatte Angst, weggespült zu werden und wie das Wasser auszulaufen, im Nichts zu verschwinden.

Markus versucht mit seinem repetitiven Spiel, extreme Ängste zu überwinden, die glücklicherweise in dieser Intensität selten sind. Bei der Schilderung von Markus spielerischer Tätigkeit am Schüttstein haben Sie sich aber vielleicht an eigene Stauspiele erinnert. Welche Genugtuung, den Lauf des Wassers umleiten oder gar anhalten zu können. Nachmittage lang haben wir Steine angehäuft und zu Staumauern zementiert, um Bäche unter Kontrolle zu bringen und Seen und Wasserfälle entstehen zu lassen.

Solche Spiele lassen das Kind erfahren, daß es ihm möglich ist, auf den Fluß der Dinge Einfluß zu nehmen; es ist nicht ohnmächtig äußeren Gefahren und inneren Trieben ausgeliefert. Es kann sprudeln lassen oder stauen, es kann laufen lassen oder zurückhalten, es kann geben oder behalten. Es kann bestimmen, ob, wo und wann es sich öffnen, sich gehen lassen, sich zeigen, wann es mitmachen und wann es geben möchte oder nicht. Das Wasser als fließendes Element ist für derartige Erfahrungen besonders geeignet. Wir werden später noch auf das Spiel mit dem Wasser zurückkommen.

Die Fähigkeit, sich mitzuteilen, mitzumachen, zu geben und zu helfen ist davon abhängig, daß Gaben vorhanden sind. Und dieses Kapital muß gesucht und zusammengetragen, muß gesammelt, muß verdient werden. Umgekehrt ist der Wert dieser Besitztümer davon abhängig, daß sie auch bemerkt, daß ihr Wert anerkannt wird. Das haben wir bei Franziskas Fall gesehen.

Es gibt wohl kaum ein Kind, das nicht mindestens eine Sammelphase durchgemacht hätte. Auch ist die Sammelmanie – oft zum Ärger der Erwachsenen – ansteckend. Wenn ich eine Muschel-, Bildchen-, Spielauto-, Kleber- oder Schnullersammlung besitze, die aktuell ist, so besitze ich Güter, die begehrt werden und deren Wert auch von den anderen anerkannt wird. Ich kann tauschen, verschenken oder verkaufen, ich kann Handel betreiben.

Der fünfeinhalbjährige Igor ist durch eine Reihe von Forderungen, die das Leben gleichzeitig an ihn stellt, verängstigt. Er soll endlich unabhängig, „groß" werden, er soll seinen kleinen Bruder lieb haben, und wenn Papa nach Hause kommt, soll er auf Mamas Aufmerksamkeit verzichten. Wenn diese mit den Freundinnen schwatzt, die Zeit und ihn vergißt, soll er geduldig warten, und in ein paar Monaten soll er ein richtiger Schüler werden. Für Igor ist dies eindeutig zuviel. Er flüchtet zurück in ein kleinkindliches Verhalten, er bleibt sprachlich zurück, läßt sich füttern und ankleiden, hört nicht auf seine Mutter und verweigert sich jeder Neuigkeit im Kindergarten. Am liebsten holt er sich immer dieselben Zusammensetzspiele.

Während der Anfangsphase macht auch Igor seinen Therapieraum zu einem Sportplatz. Er wählt das Hockeyspiel mit einer besonderen Regelung: Wir stellen nicht verschiedene Mannschaften dar, sondern wir sind „zwei Lugano". Da Lugano zur Zeit in der Gegend die siegreiche Eishockeymannschaft ist, kann er so sicher sein, daß es keinen Verlierer geben wird.

Bald erfindet er ein sehr persönliches Finde- und Sammelspiel. Er hat eine Dose gefunden, die mit gewöhnlichen bräunlichen Kichererbsen und mit einigen farbigen Glasperlen gefüllt ist. Er befielt mir, die Augen zu schließen. Ich darf nicht sehen, wie er die farbig glänzenden Perlen unter den Erbsen versteckt. Dann muß ich mit verbundenen Augen die farbigen Perlen suchen. Darauf tauscht er die Rollen und will die von mir versteckten Perlen ohne Hilfe des Augenlichts suchen, finden und ansammeln. Immer wieder will er dieses Spiel spielen, immer wieder verschafft er sich die Erfahrung, genügend Geschicklichkeit und Geduld zu haben, um seine wertvollen Perlen zu finden. Diese werden in einer kleinen Schachtel aufbewahrt. In einer späteren Stunde bastelt er daraus eine Halskette, ursprünglich als Geschenk für seine Mutter. Er behält sie dann aber für sich und hängt sie sich um, als Glücksbringer, wenn er sich in späteren Spielen auf die Jagd gegen wilde Tiere wagt.

Igors Beispiel zeigt uns, wie ein Kind das Gefühl von persönlichem Besitz und Wert im Spiel aufbauen kann. Mit Geduld wird das Wertvolle vom Uninteressanten sortiert. Eine persönliche Sammlung besteht aus selbst gewählten und als wertvoll befundenen Dingen, in denen ich meine persönlichen Eigenschaften und Gaben spiegeln kann.

Igor ordnet seine Perlensammlung zu einer Kette und verleiht ihr durch die Geschenkidee, durch seine Liebe zur Mutter, einen besonderen Wert. Seine wertvolle Sammlung wird so zu einem Schutz, den er mit sich tragen kann und der ihm ermöglicht, mit kämpferisch männlichem Mut angstmachende Gefahren in Angriff zu nehmen.

Die Verwandtschaft dieser Perlenkette mit der Sammlung persönlicher Schätze, die mein zwölfjähriger Sohn auf seine erste Reise ins fremde Land mit sich nimmt, ist augenscheinlich. Der kleine Junge ordnet seine Juwelen in einer kreisförmigen Kette, der größere versteckt und bewahrt seine Reichtümer in einem Behälter, einem Safe, den nur er persönlich öffnen kann.

Eine persönliche Sammlung, ein persönlicher Schatz will geordnet, gehortet, geschützt und vor gierigen und neidischen Blicken oder abwertenden Urteilen abgeschirmt werden. Wir haben in einem vorangehenden Kapitel gesehen, daß neben dem Einschließen das Verstecken oft der beste Schutz ist. Es ist Ausdruck besonderen Vertrauens, wenn ein Kind einem Erwachsenen seine persönlichen Schätze zeigt.

Die fünfjährige Marianne kommt mit einem Rucksack zu ihrer Therapiestunde. Erst hinter verschlossener Tür öffnet sie ihr Täschchen, holt winzige Glasfigürchen und glitzernde Sternlein heraus und bettet diese auf ein weiches Kissen, damit ich sie bewundern kann. Sie zeigt mir so, daß ihr meine Anerkennung wichtig ist. Ich muß die Bewunderung für ihre wertvolle Sammlung teilen. Auch ist es Marianne wichtig, daß ich sie im Horten ihres ganz persönlichen Schatzes unterstütze. Schließlich spiegelt sie darin ihren Selbstwert. Sie sucht Bestätigung für ihr Recht, intimes Eigentum zu besitzen. Wie aus Zufall bleibt beim Einpacken ein Figürchen unter dem Kissen versteckt, so daß für mich ein Andenken zurückbleibt.

Für größere Kinder ist es wichtig, besonders wertvolle Besitztümer unter Verschluß zu halten. Ab der dritten Grundschulklasse wird das Spiel des einzelnen Kindes immer öfter zum Bastelspiel. So ist in meiner therapeutischen Werkstatt schon manche Schatulle und Schatztruhe entstanden. Größe, Form und Dekoration werden persönlich geplant und gestaltet. Oft ist noch keine Sammlung vorhanden, der Inhalt ist noch nicht ausgesucht oder bloß teilweise geplant. Wichtig ist vorerst der Behälter und sein Verschluß. Deshalb muß ein Schloß angeschafft und funktionstüchtig montiert werden.

Das größer werdende Kind drückt mit diesem Bastelspiel nicht nur sein Bedürfnis nach positivem Selbstwertgefühl aus, es nimmt sich damit auch das Recht, den wertvollen Besitz, mit dem es seinen persönlichen Eigenwert als Individuum darstellt, abzusondern, abzuschließen und den anderen vorzuenthalten. In diesem Alter ist es wichtig, sich in der Familie, aber auch in der Gruppe der Gleichaltrigen einen privaten Raum schaffen und eine gewisse Eigenständigkeit erarbeiten zu können. Das geschieht idealerweise, bevor der Sturm der Pubertät und die Krise der Adoleszenz beginnen.

Oben haben wir angedeutet, daß spielerischer Reichtum Spiele des Tauschens, Schenkens und Verkaufens ermöglicht. Wer schenken kann erlebt, daß er Wertvolles zu geben hat. Wer ein Gut in Geschenkpapier wickelt, macht dies zur persönlichen Gabe, die beim Beschenkten Spannung, Neugier und Überraschung auslöst.

Lara empfängt im Leben mehr als sie geben kann. Sie ist neun Jahre alt und seit der Geburt behindert. Für die meisten Verrichtungen braucht sie Hilfe und hat jeden kleinen Autonomieschritt durch mühevolle Krankengymnastik erarbeiten müssen. Über einige Zeit spielt sie in ihrer Therapie am liebsten Weihnachtsmann. Es stört sie gar nicht, daß es zu Zeit gerade Sommer ist. Geduldig werden Stapel von Paketen angefertigt. Tücher werden zu Weihnachtspapier und Seile zu Bändern. Mit viel Einfühlungsvermögen liest der Weihnachtsmann imaginäre Wunschzettel und verwandelt Bauklötze in das erwünschte Spielzeug. Dann muß ich ihm als Gehilfe helfen, den Schlitten zu packen. Wir fahren los, und durch die Kamine erhält jede Familie die gewünschten Gaben. Nun wechseln wir unsere Identität. Als die beschenkten Kinder dürfen wir die Überraschungen auspacken und sind jedesmal begeistert und überglücklich über die Großzügigkeit des lieben Weihnachtsmanns.

In Laras Spiel wird offensichtlich, wie lebenswichtig es ist, nicht immer die Nehmende und Empfangende, sondern auch die Gebende, die Schenkende sein und Überraschung und Freude bereiten zu können. Auch wird sichtbar, wie in diesem Spiel schenken und beschenkt werden komplementär den Schenkenden und den Beschenkten bereichern.

Im Spiel kann sich das Kind auch selbst beschenken. Alle Kinder in Laras Spiel wünschen sich außer Spielzeug Berge von Süßigkeiten. Wir können den Wunsch eines behinderten Kindes, sein Leben süßer und weniger bitter zu machen, nur allzu gut verstehen. Beschenkt ein größeres Kind im Spiel ein Baby mit einem Schnuller oder ein Kätzchen mit einem neuen Spielbällchen, so zeigt es uns, daß es dafür sorgen möchte, daß die eigenen kleinkindlichen Bedürfnisse nicht zu kurz kommen.

„Verkäuferlis" nannten wir eines der bevorzugten Spiele. Unser Großvater war ein geschickter Bastler und hatte für seine Enkel einen Kaufladen geschreinert. Wir erbettelten bei unserer Mutter Rosinen, Haferflocken, Reis, Nüßchen und trockene Nudeln und füllten damit die Schubladen. Dazu fertigten wir mit Packpapier und Leim Tüten an, und bald hatten die Erwachsenen keine Ruhe mehr, sie mußten eine Bestellung nach der anderen aufgeben. Geld anfertigen war besonders interessant. Echte Münzen wurden ausgeliehen, unter ein weißes Blatt Papier gelegt, mit der Rückseite eines Bleistifts darüber gerieben und das Resultat ausgeschnitten. Bald war genügend Geld in der Kasse.

Verkaufen, verkaufen, reich werden! Wer will schon ein „armer Schlucker" sein! Da wir sechs Geschwister und Kinder des Pfarrers waren, wollten wir zumindest im Spiel auch die Kehrseite der berühmt-berüchtigten Maxime „Teilen macht glücklich" anstreben. Waren wir in den Ferien im Freien, stellten Blütenblätter, Kerne, Gräser und allerlei andere Naturfunde die käuflichen Waren dar.

Auch meine kleine Tochter vergnügte sich in den Ferien mit ihren Freundinnen im Verkaufsspiel. Mit allerlei Perlen und farbigen Fäden wurde Schmuck gebastelt. Dann verschwanden die Mädchen, und wenig später fanden wir sie als Schmuckverkäuferinnen auf der Promenade wieder, wo sie ihre Produkte in echtes Geld umzusetzen versuchten. Was zuerst Spiel war, war der Realität der Erwachsenen angeglichen worden.

Monopoli ist seit Jahren ein immer wieder beliebtes Spiel größerer Kinder. Wer in diesem Spiel reich werden will, muß zuerst wertvolles Geld ausgeben, muß investieren, riskieren und Land kaufen. Dann muß er geduldig Häuschen bauen, um endlich auch Hotelbesitzer zu werden und den Mitspielern Geld abknüpfen zu können. Wenn man unter Minderwertigkeitsgefühlen und Mangel an Selbstvertrauen leidet, ist es nicht leicht, etwas aus- oder wegzugeben. Zum Glück kann man persönliche Tricks aushecken, um dies trotzdem zu schaffen und das Gefühl von Verlust auszuhalten und weiterspielen zu können.

Sabine ist zwölf, hat es aber schrecklich ungern, mich bezahlen zu müssen. So bezahlt sie mir immer absichtlich zu viel, damit ich ihr jedesmal Rückgeld herausgeben muß. Sie bezahlt zwar, sie gibt, bekommt aber selber auch etwas. Das kann sie ertragen.

Hanspeter wechselt alle seine Fünfhunderternoten in Hunderter, so hat er mehrere Scheine und verscheucht das Gefühl, weniger zu besitzen. Lydia macht es umgekehrt: So bald wie möglich verschafft sie sich Fünfhunderter. Sie opfert alles Kleingeld, um die wertvollen Noten zu besitzen, die für sie eine Art Goldbarren und somit maximalen Reichtum bedeuten.

Sich arm und minderwertig fühlen ist unerträglich. Wenn ich mich vom Schicksal vernachlässigt und nicht oder noch nicht fähig fühle, Reichtum zu erarbeiten, so kann ich mir diesen einfach stehlen. Dies zeigt uns die fünfjährige Ruth während ihren ersten Therapiestunden. Durch frühe Krankheit hart auf die Probe gestellt, leidet sie unter Gefühlen von Minderwertigkeit und Bedürftigkeit, hat aber gleichzeitig einen verzweifelten Willen, diese zu überwinden. Ich erhalte jedesmal die Rolle des Nachtwächters, der die Gold- und Geldvorräte einer Bank bewachen soll. Allzu müde gähne ich bald und schlafe ein. Die schlaue Ruth stiehlt sich derweil eine Kiste Gold nach der andern. Unbeirrt schleppt sie alle Spielzeugkisten in ihre Ecke. Wenn ich am anderen Morgen aufwache, stehe ich jedesmal verzweifelt vor einer leeren Bank. Ruth tauscht danach die Rollen. Ich muß nun versuchen, den Bankräuber zu spielen, was mir natürlich nie gelingt, da die schlaue Nachtwächterin kein Auge zumacht.

Vielleicht erinnern Sie sich nun auch an Verkaufs- und Räuberspiele, deren Bedeutung Sie jetzt durchschauen.

Das Spiel mit den Elementen

In den vorangehenden Kapiteln haben wir verschiedentlich Überlegungen über die Bildung eines positiven Selbstwertgefühls angestellt. Wir haben anhand vieler Beispiele beobachtet, wie dieses Selbstwertgefühl sich aus verschiedenen Bausteinen zusammensetzt. Durch Spiele des Gesehen- und Gefunden-Werdens kann das Kind sich Erlebnisse des Seins, des Wertvoll-Seins, durch Spiele des Sammelns und Hortens Erlebnisse des Habens, des Substanz-Habens und durch Stauspiele Erlebnisse des Machens, der Einflußnahme verschaffen.

Das Spiel mit den Elementen der Natur ist besonders dazu geeignet, Erfahrungen des Machens, des Einfluß-Nehmens, des verändern Könnens zu ermöglichen. Natürlich sammelt das Kind mit seinem spielerischen Tun Erfahrungen und Erkenntnisse über die Natur der Dinge. Gleichzeitig erlebt es, daß es auf seine Umgebung, auf die Welt, auf die Materie Einfluß nehmen kann. Dabei kann es aber auch seine psychischen Bedürfnisse auf diese Materie projizieren und durch Veränderung auf dieser materiellen Ebene Veränderung auch auf der psychischen Ebene herbeiführen.

In diesem Kapitel werden wir hinterfragen, welche spezifischen Erfahrungen das Spiel mit den Elementen Erde, Wasser, Feuer und Luft dem Kinde ermöglicht.

Erde, Sand, Lehm – Dreck und Farben

Erde entsteht aus Humus, aus Abfall, aus Mist, aus Kot. Sand ist weniger „dreckig", besteht er doch hauptsächlich aus winzigen Steinchen, die durch das Wasser zerkleinert, gesiebt und gereinigt wurden. Erde und Sand haben keine definierte Form, man kann damit schmieren, schmeißen, man kann damit Dinge verdrecken, modellieren oder sie in Behälter füllen.

scheint dabei in ihren eigenen Begabungen etwa zu kommen. Der sechsjährige Konrad gleicht eine Fohlen. Er ist nie ruhig und von übertriebener Grenzen und Gebote werden dauernd überrannt. Mutterleib sei er dauernd in Aktion gewesen. Die durch dieses Draufgängertum beunruhigt. Wie wi in der Schule zurechtkommen? Wird er stillsi zuhören lernen? Wird er in der Adoleszenz Grenz tieren und zu Drogen nein sagen können?

Konrad begeistert sich in meiner Praxis für S Sandkasten. Er macht den Sand naß, knetet ihn, l zu einem Berg und schneidet mit einem Mess herum. Das Spiel wird bald immer wilder. Ein l Sand fällt auf den Boden, ein zweiter wird nachg sen, Konrad kontrolliert meine Reaktion. Ersta weise spüre ich keinen Ärger, vielmehr hat Konr mit seiner überbordenden Lebendigkeit und sein am Dreck angesteckt. Es ist auch kein Problem, d auf dem Plattenboden wieder zusammenzuwiscl Klumpen Sand nach dem anderen fliegt mit eine Geräusch auf den Boden, und Konrad hat groß daran.

Ich kann bei diesem Tun miterleben, wie Konr ganze Angriffslust und seine überbordende Vita Spiel bringt. Er muß sich und mir beweisen, daß se bändige Lebendigkeit ausgedrückt werden kann, o störerisch zu wirken, wie seine Mutter befürchtet. Se gressivität braucht ein darstellerisches, spielerisches damit sie sich nicht gefährlich anstaut, oder (im galopp) körperlich abreagiert werden muß.

Der systemische oder familientherapeutische Ansa das Individuum vor allem als Teil einer Gruppe. D glieder einer Familie sind miteinander verbunden u einflussen sich unbewußt auch gegenseitig. Es ka vorkommen, daß ein Familienmitglied dazu delegie Bedürfnisse eines anderen aufzunehmen und auszul

Spiel, welche Angst will sie damit darstellen und überwinden?

Es ist für Erwachsene schwierig, sich in die frühkindliche Erlebnisweise einzufühlen und die Erfahrung seines strukturierten erwachsenen Ichs beiseite zu lassen. Wenn wir aber in Betracht ziehen, daß sich Bettina in ihrem ersten Lebensjahr zwei tiefgehenden chirurgischen Operationen hat unterziehen müssen, wird ihr Spiel verständlicher. Es könnte folgendes sagen wollen: „Unter der Oberfläche, im Innern der Materie, lauscht eine lebensbedrohliche Gefahr. Diese muß ich finden und ausmerzen. Es kann aber sein, daß diese mich überwältigt, wenn sie herauskommt, deshalb habe ich schrecklich Angst."

Bettinas Spiel bleibt in seiner Ambivalenz über lange Zeit eintönig, es scheint aussichtslos. Soll der Bagger tiefer graben? Wird es die Feuerwehr schaffen, das unterirdische Feuer zu löschen? Mit dem folgenden Sandspiel, das ich vorerst für sie spielen muß, macht sie sich immer wieder Hoffnung. Durch zwei Berge muß ich Tunnel graben, einen für sie und einen für mich, so daß wir beide, durch unsere jeweiligen Tunnel hindurch, das Licht sehen können.

In ihrem täglichen Leben verfällt Bettina in panische Angstzustände, wenn eine Strompanne die Lichter löscht oder wenn es im Eisenbahntunnel an Licht mangelt. Deswegen muß sie sich im Spiel mit meiner Hilfe immer wieder versichern, daß es am Ende des Tunnels wieder hell wird, daß man hindurch kommen kann, daß die Gefahr der tödlichen psychophysischen Dunkelheit, die durch das Erlebnis der Operation in der kleinkindlichen Psyche aktiviert wurde, vorübergehend und nicht definitiv ist.

Erde und Sand stehen in diesem kindlichen Spiel für physische und psychische Substanz. Wenn zwei-, drei-, vierjährige Kinder immer wieder mit Geduld Sand in kleine Kessel und Förmchen schaufeln, diesen mit Trichter und Sieb sorgfältig abfüllen, um den Inhalt zu dosieren oder zu verfeinern, so können wir darin den Ausdruck eines ganz speziellen Bedürfnisses sehen. Sie möchten die eigene Substanz „in den Griff bekommen". Das Kind kann sich, wie wir in Franziskas Spiel beobachtet haben, das Erlebnis von Fülle, von Überfluß verschaffen, es kann die Qualität und die Quantität verändern, es kann vermischen, verfeinern, anhäufen, verteilen, sortieren. Wenn ein Kind durch das Stürzen von Förmchen einen schönen gerundeten Kuchen oder gar zwei entstehen läßt, könnte man dies auch als Wunsch deuten, sich im Spiel die Substanz spendende, nährende Mutterbrust selbst zu erschaffen.

Sand und Erde können in Behälter gefüllt, zum Kochen gebraucht, sie können auf Lastwagen geladen, transportiert und verkauft werden. Das unstrukturierte Material gibt Anlaß zu allen möglichen darstellenden Spielen, die wir in nachfolgenden Kapiteln besprechen werden.

Eine besondere Art Erde ist der Lehm. Er eignet sich ganz besonders für Spielerfahrungen des Form-Gebens, des Form-Veränderns und des persönlichen Gestaltens und Schaffens. Auf dem Markt finden wir deshalb allerlei Modelliermassen, die den Lehm ersetzen und leichter handzuhaben sind. Bei seinem töpferischen Tun verrät uns das Kind nicht nur etwas durch die inhaltliche Gestaltung, die wir nach ihrem symbolischen Sinn hinterfragen können, sondern auch durch den spielerischen Umgang mit dem Resultat.

Wenn die Zwillingsschwester Gabi, die ja immer hintenanstehen mußte, zum Beispiel mit ihren modellierten Schlangen, Schnecken und Häschen immer Wettrennen organisiert und ihr Tier gewinnen läßt, so drückt sie damit unmißverständlich den Wunsch aus, die ihr anhaftende Verliererrolle zu überwinden.

Wasser

Wasser ist absolut lebensnotwendig, wie die anderen Elemente auch. Seine besondere flüssige Qualität lernt das

Kind schon sehr früh kennen. Es macht Erfahrungen im und mit dem Wasser.

Im Kapitel über Bewegungsspiele haben wir gesehen, daß er für Kinder vertrauenerweckend ist, wenn sie sich vom weichen Wasser getragen fühlen. Für mich ist auch heute die spielerisch sportliche Erfahrung, bewegungslos in Rückenlage auf dem Wasser gleiten zu können, eine der schönsten, mit der Natur der Dinge versöhnende Erfahrung.

Diese Erfahrung ist nicht allen möglich. Auch viele Erwachsene leiden unter der Angst vor dem tiefen Wasser. Wir wissen alle, daß man darin untergehen kann. Ist das Wasser unruhig, von hohen Wellen bewegt, kann auch der mit dem Wasser vertraute Mensch nicht mehr einfach darauf gleiten. Er muß schwimmen, vielleicht sehr gut schwimmen können, und einen Sturm kann er nur in einem soliden Schiff überleben. Dies wissen schon kleine Kinder.

Mein zweieinhalbjähriger Sohn mochte Wasserspiele sehr gern. Am Strand weigerte er sich jedoch, auch nur mit den Füßen und Beinen ins Wasser zu steigen. Weder helfende Hände noch aufmunternde Worte konnten ihn überzeugen. Er erlebte die unendlich weite Wasserfläche wohl als überwältigend. Wir gruben in respektvoller Distanz vom Meeresufer einen kleinen See für ihn in den Sand, in dem er vergnüglich planschen und spielen konnte. Erst ein Jahr später wagte er sich in das große Wasser, hat dann auch recht bald schwimmen gelernt und ist heute ein begeisterter Segler.

Bei Wasserspielen im See und im Meer ist es wichtig, daß Erwachsene dem Kind Zeit lassen. Sie können helfen, nach spielerischen Zwischenlösungen zu suchen, um langsam das Vertrauen auf- und die Angst abzubauen. Ich will hier nicht auf den Ursprung solcher Ängste eingehen, der oft sehr persönliche Hintergründe haben kann. Kinder können diese Angst jedenfalls sehr eindrücklich im Spiel darstellen.

Heini und Franz spielen in ihren Therapiestunden unabhängig voneinander ein ähnliches Spiel. Sie gestalten im

Sand Landschaften mit Tieren, Pflanzen und Gebäuden. Dann werden schreckliche Katastrophen inszeniert. Mit Krug und Eimer schütten die Jungen Wasser auf ihre sorgfältig gestaltete Welt. Die zerstörerische Sintflut läßt nur ein chaotisches, sumpfiges Durcheinander übrig.

Natan gestaltet ein Ufer, links Wasser, rechts Land, auf dem allerlei Tiere weiden. Auch er füllt daraufhin Krüge mit Wasser und läßt Regengüsse vom Himmel fließen. Das Wasser fällt gezielt auf das Ufer, das langsam zerbröckelt und frißt immer mehr Land weg. Die Tiere fallen ins Wasser und ertrinken. Endlich läßt er aus einem Brettchen ein kleines Floß entstehen, auf dem gerade ein Elefant Platz hat. Vielleicht kann sich wenigstens dieses Tier retten.

Alle drei Buben sind zum besagten Zeitpunkt um die acht Jahre alt, waren schon als Kleinkinder scheu und verunsichert und leiden nun an Schulversagen. In ihrem Spiel stellen sie dar, wie ein Übermaß an Wasser, wie Sturm und Sintflut Tiere, Menschen und Häuser, ja die gesamte Zivilisation zerstören und untergehen lassen. Ein zu starker Lebensstrom wirkt überwältigend. Zu starke Einflüsse und Forderungen von außen oder übermäßige und unbewußte Emotionen von innen wirken wie eine Sintflut auf das kindliche Ich. Diese Überschwemmungen von außen und innen bedingen und beeinflussen sich gegenseitig. Eine Überforderung von außen kann überwältigende Ohnmachtsgefühle auslösen, und abwertende Minderwertigkeitsgefühle machen unangemessene Beeinflussungsversuche von außen zu überwältigenden Erlebnissen. Einzig Natan kann sich im Spiel eine Rettung vorstellen: einen geschützten Standpunkt für ein besonderes Tier. Das Gefährt ist zwar noch richtungslos, aber es trägt.

Die Beschreibung des Füllens, Stauens und Laufen-Lassens haben uns gezeigt, wie Kinder das Wasser benutzen, um Erfahrungen zu machen, über ihre Fähigkeit auf den Lebensfluß Einfluß zu nehmen.

Thomas hat eine besondere handwerkliche Begabung. Bereits im vorpubertären Alter erfindet er ein raffiniertes

Wasserleitungsspiel mit Trichtern, Röhren und Pumpen. Aus einem Wasserreservoir in einer großen Plastikkiste wird das Wasser über deren Rand in einen Kessel auf dem Boden geleitet und von dort durch einen Schlauch angesaugt und in den See in der Sandkiste gepumpt. Es ist faszinierend zu sehen, wie das System für eine gewisse Zeit selbständig weiterfunktioniert. In einer anderen Stunde wird ein Trichter auf einen Trinkhalm montiert und darüber dem Bach in der Sandkastenlandschaft Wasser zugeführt.

Auch kleinere Kinder haben in meiner Praxis in ihren Spielstädten und -dörfern oder unter ihren Straßen imaginäre oder echte Röhren aus Karton oder Plastikröllchen verlegt. Ich unterstütze natürlich durch Anerkennung dieses Tun, denn ich weiß ja, wie wichtig es ist, daß unseren Häusern reines Wasser zufließt und daß die verschmutzten Abwässer abfließen und einer Kläranlage zugeleitet werden.

Ich erlebe solche Spiele wie vom Kind erzählte Gleichnisse. Das Kind erfährt über das Spiel, daß es „Überschwemmungen" von außen und innen unter Kontrolle bringen oder daß es seine Energie leiten, konzentrieren und dosieren kann. Es kann Blockierungen, Energiestauungen aktiv überwinden und wieder Fluß in sein Leben bringen, es ist ihm möglich, neue Kraft zu schöpfen und schlechte Erfahrungen hinter sich „ablaufen" zu lassen.

Das ausgeklügelte Wasserspiel von Thomas enthält technische Aspekte, die vielleicht an das traditionelle Wasserrad erinnern, das man selbst als Kind einmal gebastelt hat. Schon Kinder machen bei einem solchen Spiel die Erfahrung, wie aus der Kraft des fließenden Wassers Energie gewonnen werden kann und wie praktische Intelligenz die Natur verwandelt.

Mit Wasser können auch Spritzspiele inszeniert werden. Wenn die Erde mit Kot verwandt ist, ist es das Wasser mit dem Urin. Wenn Jungen im Spiel vergnüglich um die Wette spritzen, wollen sie sich und den andern ihre Potenz, ihre männliche Kraft bestätigen.

Als Schulmädchen haben wir das im Geheimen mit mäßigem Erfolg – und in meinem Fall nicht ohne Schuldgefühle – auch versucht. Dies kann als Penisneid gedeutet werden – man möchte die Vorteile des anderen Geschlechtes oder womöglich die beider Geschlechter gleichzeitig besitzen –, aber auch als aggressives Wetteiferspiel zwischen Gleichaltrigen gesehen werden.

Wenn diese Spritzspiele zum spielerisch aggressiven Kampf werden, wenn die Wasserpistole oder der Wasserschlauch ins Spiel kommen, fallen sie in das Kapitel der kämpferischen Spiele.

Feuer

Das Wort Feuer, das Bild des Feuers, weckt im Leser sicher unzählige Assoziationen. Was bewirkt das unentbehrliche Feuer? Es brennt, es wärmt, es leuchtet, es lodert, es verbrennt, es löscht aus, es läßt schmelzen und läßt Speisen gar werden. Das Feuer hat sich bezeichnenderweise mit seiner Symbolik in unserer Sprache breit gemacht: Nestwärme, Lebenslicht, Inbrunst, lodernde Wut, ein feuriger Hengst, ein brennender Wunsch etc.

Es ist deshalb spannend zu sehen, wie vielfältig Kinder das Feuer ins Spiel bringen.

In meiner Praxis kann ein Kind hinter einem Holzschild einen echten Kamin finden. Franz hat diesen im zweiten Therapiejahr entdeckt und will ein wärmendes Feuer machen, obgleich es nicht wirklich kalt ist. Er experimentiert vorsichtig, und es gelingt ihm, ein kleines Feuer aufrecht zu erhalten, so daß wir beide die Wärme seines Feuers spüren. Eines Tages, er hat bereits sein drittes Feuer entfacht, erzählt er mir, daß er plant, von zu Hause und von der Schule wegzulaufen. Wo er sich denn vorstellt hinzugehen, frage ich ihn. Einfach an den See hinunter, da wird er hineinfallen, ihn wolle ja niemand. In der Wärme seines kleinen Feuers wagt es Franz, mir seine traurigen Gedanken mitzuteilen.

Man wird nun vielleicht fragen, wieso ich das Anzünden eines richtigen Feuers in einem richtigen Kamin als Spiel einstufe. Wie im Eingangskapitel besprochen, gehe ich auch hier von der symbolischen Einstellung aus und setze im kindlichen Tun einen Sinn voraus. Im Beispiel von Franz ist das Gefühl der Kälte keine der Realität entsprechende Empfindung, sondern ein persönliches Gefühl. Die spielerische Erfahrung, sich aktiv wärmen zu können und imstande zu sein, ein eigenes Feuer zu unterhalten, ermöglicht es ihm, sein seelisches Kältegefühl, seine depressiven Phantasien in Worte zu fassen und mitzuteilen. Seine Therapeutin kann sich um ihn sorgen, Franz verschafft sich Herzenswärme, und er muß seine selbstzerstörerischen Gedanken nicht mehr unbedingt in die Tat umsetzen.

Durch das spielerische Experimentieren entdeckt Franz später auch, daß als Produkt des Feuers Ruß anfällt. Bald improvisiert er sich als Schmied und schafft es, in der Glut einen Nagel zu erweichen und ein wenig zu biegen. Mit der Zange hält er den heißen Nagel, hämmert auf ihm herum und läßt damit auf einem Holzstück braune und schwarze Spuren entstehen. Es gelingt ihm sogar, seine Initialen ins Holz zu brennen.

Beim spielerischen Werken entpuppt sich ein Franz, der in der von ihm selbst geschaffenen Atmosphäre aktiv, neugierig und kreativ sein kann. Er traut es sich sogar zu, hartes Eisen zu erweichen, und als Beweis seines neuen Identitätsgefühls erlaubt er es sich, endgültige Spuren zu hinterlassen und eine eingebrannte Unterschrift unter sein Werk zu setzen. Natürlich ist eine solche Entwicklung nicht von einem Tag auf den anderen möglich. Ich habe sie konzentriert dargestellt, um die antidepressive Bedeutung des Wärme spendenden Feuers im Spiel zu unterstreichen.

Die spielerische Auseinandersetzung mit dem wärmenden Feuer ist nicht immer so intensiv und konkret. Oft werden im Sandkasten kleine Feuerstellen aus Plastik benutzt. Wenn ein Kind zum Beispiel ausschließlich Eßwaren und

Feuer im Sand hinterlegt, so bringt es damit sein Bedürfnis nach Nahrung und Wärme spendenden Kräften, nach Gefühlen von Sattheit und Wärme zum Ausdruck.

Sand und Sandkasten sind besonders geeignet, um das Urfeuer im Bild des schrecklichen und gleichzeitig faszinierenden Vulkans darzustellen.

Am Strand von Stromboli habe ich vor ein paar Jahren einem Vater mit seinen zwei Söhnen zugeschaut, wie sie mit Begeisterung einen Vulkan gebaut und zum Rauchen gebracht haben. Dieses Ferienspiel auf der Vulkaninsel entspricht natürlich der Verarbeitung eines aktuellen, eindrücklichen Erlebnisses. Es geschieht jedoch erstaunlich oft, daß Kinder auch fern von realen Erlebnissen im Sandkasten Vulkane entstehen lassen.

Markus entdeckt im Sandkasten einen Vulkan, nachdem er mit einer Coca-Cola-Dose ein Loch in einen Berg gedrückt hat. Danach müssen wir über einige Zeit immer wieder mit Hilfe von etwas Papier auf Aluminiumfolie einen Vulkan aufflammen lassen.

Franz bastelt einen Vulkan aus Modelliermasse. Er hatte auf einer Reise in Sizilien den Ätna gesehen und gesteht mir, daß er nicht versteht, warum der Liebe Gott so etwas Schreckliches erschaffen hat.

Hanspeter ist elf und baut monatelang immer wieder Urlandschaften in den Sand. Mit großer Sorgfalt gestaltet er Berge mit Felshöhlen für Schildkröten, Elefanten, Tiger, Löwen und andere wilde Tiere. Auch bewaldete Hügel und Seen gehören zur archaischen Naturwelt. Besonders wichtig ist ihm jedoch die Herstellung eines Vulkans, der am Schluß mit in Alkohol getränkter Watte zum Brennen gebracht wird.

In solchen Spielen setzt sich das Kind mit der Tatsache auseinander, daß es sowohl in der äußeren als auch in der inneren Natur ein Feuer gibt, das einerseits als lebensnotwendig, ja als Leben spendend, und anderseits als überwältigend und tödlich erlebt wird. Es ist dem Kind wichtig, die

Macht des Feuers zu begreifen, es darzustellen und sich damit auseinanderzusetzen. Es ist bekannt, daß die größte Gefahr und Zerstörung von Vulkanen ausgeht, die lange inaktiv, geschlossen, „verstopft" geblieben sind. Ist ein Vulkan dagegen aktiv, hat das Magma ein offenes Ventil, einen Ausweg, so kann man sogar ruhig in der Nähe wohnen und die fruchtbare Erde bebauen.

Wir können uns vorstellen, daß Markus mit seiner Entdeckung des Vulkans darstellt, daß er sich der Realität einer ambivalenten und bis dahin vermiedenen emotionalen Welt nun nähern möchte. Er hat mich in der Folge immer wieder nach den Namen und der Bedeutung von Emotionen und Gefühlen gefragt. Franz muß sich offensichtlich mit persönlichen Erfahrungen von überwältigender Leidenschaftlichkeit auseinandersetzten, obgleich diese sein Auffassungsvermögen übersteigen. Ob es sich um seine eigenen oder jene seiner Mitmenschen handelt, müssen wir noch herausfinden. Hanspeter, schon im vorpubertären Alter, scheint dagegen mit der Darstellung seiner Urlandschaft Kontakt mit der eigenen instinktiven und triebhaften Vitalität zu suchen.

Nun ist das Feuer aber auch unsere natürliche Lichtquelle. Diese Bedeutung des Feuers ist in unserer Zivilisation nicht mehr so allgegenwärtig wie im Leben unserer Vorfahren. Die kindliche Angst vor der Dunkelheit ist hingegen konstant. Sie ist normal. Heutzutage haben auch die Erwachsenen die Fähigkeit, sich ohne Licht im dunkeln zurechtzufinden, weitgehend verloren. Da wir sie nicht mehr brauchen, ist sie verkümmert. Ein Feuer im dunkeln, auch nur eine kleine Flamme, eine Kerze, ein Lämpchen, ist lebenswichtig. Es erlaubt mir zu sehen, was mich umgibt, es ermöglicht mir die Orientierung. Wenn das Licht ganz fehlt, fühle ich mich dunkeln Kräften ausgeliefert. Ich bin orientierungslos, tappe im dunkeln, ich sehe schwarz. Das sind alles Ausdrücke, die auch für seelische Zustände gebraucht werden. Um bewußt ein Ziel zu verfolgen, brauchen wir das Licht. In der Dunkelheit werden klare Formen zu vagen

Umrissen, wir wissen nicht, was sie bedeuten, sie können nicht bewußt wahrgenommen und erkannt werden. Deshalb bedeutet Dunkelheit in der Sprache der Psyche auch Abwesenheit von Bewußtsein. Der dunkle Wald oder das tiefe, dunkle Wasser kann das Unbewußte darstellen. Wenn ich mich darin verliere, verliere ich das Lebenslicht und den Verstand. Was dunkel und unbewußt ist, macht angst, wenn nicht wenigstens ein kleines Licht zu Verfügung steht.

Daß dies für Kinder ganz besonders zutrifft, zeigt sich wieder in ihren Spielen. Sicher erinnern sich die Leser wiederum an eigene kindliche Erfahrungen. Besonders in der dunklen Jahreszeit, an langen Winterabenden werden Spiele mit kleinen Lichtern faszinierend. Kollektive Feste mit Kerzen, Laternen, Rüben- oder Kürbislaternen ermöglichen es, gemeinsam im rituellen Tun Licht in die beängstigende Dunkelheit zu bringen. Im Umzug einen eigenen Lampion tragen zu dürfen, läßt die Angst vor dem nächtlichen Dunkel verschwinden. Fällt ein Lampion zu Boden und erlischt oder verbrennt, so ist das eine kindliche Tragödie. Durch kleine Lichter wird die gefährliche Dunkelheit zum geheimnisvollen Halbdunkel. Weihnachten ohne kleine Lichter ist unvorstellbar.

Kinder spielen Weihnachen oft auch zu anderen Jahreszeiten. Wichtig ist es, die Lichter selbst anzuzünden. Das Erlebnis, ein eigenes, wenn auch kleines Licht anzuzünden, zu besitzen, beweist mir, daß ich auch im dunkeln für mich sehen kann, daß ich ein eigenes Bewußtsein habe, daß ich fähig bin, zu unterscheiden, zu entscheiden und es wagen kann, einer Gefahr in die Augen zu sehen.

Wenn C. G. Jung in seiner Autobiographie beschreibt, wie er als Neunjähriger heimlich mit Flammen spielte, weil er immer wieder das Bedürfnis hatte, sich ein ganz persönliches Feuer anzuzünden, so hat er sich wohl damit genau diese Erfahrung verschafft.

Therese macht auch oft ein Feuer im Kamin. Die elektrischen Lichter werden ausgelöscht, Tücher müssen die Fenster verdunkeln, und sie zündet sich eine Kerze an. Diese trägt sie dorthin, wo sie gerade spielt. Wenn sie für uns beide den Tisch deckt, zündet sie eine zweite Kerze an. Mit der Kerze, mit dem kleinen persönlichen Licht, vermittelt Therese ihrem Spiel eine besondere Bedeutung. Der Lichtkegel ihrer Kerze beschränkt und grenzt ihr individuelles Tun vom Rest der Welt ab, in der es ruhig dunkel sein darf, da Therese sich jetzt nicht für diese interessiert. Wenn sie dann mit ihrer Therapeutin tafelt – man könnte sich an deren Stelle auch eine Freundin vorstellen –, braucht es für die zwei Individuen auch zwei Lichter.

Die zehnjährige Therese war schon immer ein verunsichertes Kind. Das kam in Schulversagen, gekünstelter Sprache, Mangel an Freunden und Sammelzwang zum Ausdruck. Wenn wir zudem bedenken, daß sie zwei kleinere Geschwister hat und ihre Mutter derzeit Zwillinge erwartet, können wir sie und den tieferen Sinn ihres Spiels verstehen.

Auch wenn Kinder Geburtstag spielen, wird die Bedeutung der Lichter, der Flammen, besonders deutlich. Als persönliche Lebenslichter unterstreichen und festigen sie die eigene Identität.

Selbst anzünden und selbst auslöschen ist ein wichtiger Bestandteil des Spiels. Niemand sonst und auch kein Windstoß darf sich einmischen. Andernfalls muß die Kerze nochmals angezündet und persönlich ausgeblasen werden. Ein Licht, das von selbst erlischt, stirbt. Man sagt auch, ein Leben sei verloschen, wenn ein alter Mensch gestorben ist. Dies ruft dem Leser vielleicht Bettinas panikartige Angstkrisen beim Ausgehen des Lichts in Erinnerung. Wenn sie einen der Therapieräume betritt, in dem das Licht nicht angemacht ist – die dunklen Räume in Nordlage benötigen auch tagsüber elektrisches Licht –, so macht sie den Schalter an, auch selbst wieder aus. „*Ich* habe ausgelöscht", versichert sie sich. Sie bekämpft so die Angst, ihr Lebenslicht könne ebenso plötzlich erlöschen wie das elektrische.

Auch Kinder wissen, daß ein großes Feuer mit vielen

Flammen nicht nur für den leuchtet, der es anzündet und ihn sich nähernde Gefahren erkennen läßt, sondern daß es auch gefährliche Tiere oder Menschen mit bösen Absichten fern hält. Das Lagerfeuer bei den Pfadfindern oder anderen Jugendgruppen ist auch deshalb so toll, weil es den einzelnen und die Gruppe schützt.

Schon mehr als ein Junge hat in meiner Praxis sein Zelt aus Tüchern und Seilen direkt über oder direkt neben dem Kaminfeuer erbaut. So werden wilde Tiere, Diebe und andere Feinde in respektvoller Distanz gehalten. Auch ein Indianerdorf im Sandkasten ist kaum ohne Feuer zu denken. Auf einem Feuer im Zelt wird dann auch gekocht, echt oder imaginär. Was für ein aufwertendes und ermutigendes Erlebnis: Ich koche für mich auf meinem Feuer. Mein Feuer macht meine Speise verdaulich und verschafft mir Kraft und Mut, um wieder auf die Jagd, in den Kampf, in den Lebenskampf zu ziehen.

Im Feuer kann aber nicht nur spielerisch gekocht und gebraten, es können auch Dinge verbrannt werden. Was wir lange genug dem Feuer aussetzten, wird zu Asche. Unnützes, überholtes, altes Zeug kann den Flammen übergeben werden.

Markus will über viele Wochen immer wieder neben dem Feuer sitzend das Märchen von Hänsel und Gretel hören. Geduldig wartet er auf die mutige Gretel, die die Hexe ins Feuer stößt und sie verbrennen läßt. Der Rest der Geschichte interessiert ihn nicht mehr, wir können zu anderen Dingen übergehen. Später beschließt er dann, daß ihm einige Fotos aus dem ersten Therapiejahr nicht mehr gefallen. Er will sie nicht mehr sehen, er will sie verbrennen. Sie sind überholt, weil er nicht mehr wie damals ist und sich geändert hat.

Max hat im Laufe seiner Therapie den zerstörerischen Geist aus seiner Lieblingsgeschichte Peer Gynt, den „Großen Krummen", auf ein großes Stück Packpapier gemalt. Er gestaltete ihn schrecklich, fürchterlich und häßlich. Später hängte er die Darstellung an die Wand, um den Feind zu bekämpfen. Gegen das Ende der Therapie verbrennt er ihn im Kamin und vergräbt die Asche im Hinterhof.

Beide Jungen stellen eindrücklich dar, wie sich Kinder im Spiel mit unbewußten zerstörerischen Inhalten oder Anteilen ihrer Psyche auseinandersetzen. Wie sie ihre Phantasie zu deren Darstellung aktivieren und sich auch entsprechender Figuren aus Märchen oder Romanen bedienen, um sie zu bekämpfen, zu bearbeiten und um sich darüber selbst zu verändern.

Daß das Feuer nicht nur für den Feind gefährlich ist, erlebt das Kind sehr früh. Sollte es das vergessen, so wird es ihm durch die Erwachsenen mahnend und drohend in Erinnerung gerufen. Unsichere oder unruhige und überaktive Kinder im Kindergartenalter haben oft übermäßige Angst vor dem Feuer. Sie wagen es nicht, ein Zündholz anzumachen, auch wenn sie diese Geste ohne Schwierigkeiten ausführen könnten. Sie haben Angst, sich die Finger zu verbrennen oder gar das Zündholz fallen zu lassen und womöglich eine Feuersbrunst auszulösen. Es ist die Angst, nicht die nötige Ruhe zu haben bzw. die Kontrolle zu verlieren. Es ist die Angst, von der Aufregung, von der Erregung, von den Emotionen überwältigt zu werden.

Diese Angst muß unbedingt ernst genommen werden. Besonders ich-schwache Kinder brauchen das Alarmsignal des Angstgefühls. Sie brauchen diesen Schutz, zumindest bis sie einen besseren gefunden haben. Fehlt diese Angst und das Bewußtsein der Gefahr, so aktiviere ich diese bewußt, damit das Kind im Spiel Gegenmaßnahmen, vor allem natürlich die berühmte Feuerwehr ins Spiel bringen kann.

Der elfjährige Hans will unbedingt ein paar Monate vor seinem Beschluß, die Therapie zu beenden, im Sandkasten eine echte Feuersbrunst organisieren. Wir tragen die Kiste in den Hinterhof, er legt Stücke von Aluminiumfolie über die ganze Oberfläche, um darauf Brand zu stiften. Schrecklich lodert die Feuersbrunst, aber von allen Seiten fährt die Feuerwehr an und meistert die Situation.

Therese will im Kamin ein riesiges Feuer machen. Sie trifft besondere Vorbereitungen und stellt ein Dutzend Papierbecher voll Wasser in Reih und Glied auf den Tisch vor den Kamin. Es ist nicht klar, was ihr wichtiger ist: das Anzünden und die begeisterte Bewunderung der Riesenflamme oder das wirkungsvolle Löschen derselben mit Hilfe ihrer Wasserbecher.

Die Zündhölzer, die zum Anzünden des Feuers notwendig sind, laden während solche Spiele gerade dazu ein, Explosionen zu improvisieren. Der erfinderische Thomas schießt seine Zündhölzer mit einer kleinen Kanone ins Feuer.

Wer hat sich nicht wenigstens in der Fasnachtszeit oder zu Sylvester mit „Knallern" und anderem explosiven Spielzeug den Spaß erlaubt, die Leute zu erschrecken? Wer nicht durfte, hat es heimlich versucht oder aber die wilden Mutigen beneidet.

Wenn wir nun auf unsere Assoziationen zum Wort Feuer zurückgreifen und einige kombinieren, so wird es uns möglich, den Sinn auch dieser Spiele zu erraten. Lodernder Haß, inbrünstige Liebe, brennende Eifersucht, explosive Wutanfälle können die Psyche wie eine Feuersbrunst oder wie Explosionen bedrohen. Wenn solch feurige Emotionen und Gefühle in ihrer ganzen Dramatik zur Darstellung kommen sollen, muß das kindliche Ich gleichzeitig über genügend Festigkeit und Kontrolle verfügen. Sie werden meist durch die kontrollierende, dämpfende, löschende Kraft des Wassers dargestellt. Weniger dramatisch und aufwendig, aber oft nicht weniger eindrucksvoll, können solche Emotionen und Gefühle im Sandsiel, im Puppentheater oder in Zeichnungen und Malereien dargestellt und bearbeitet werden.

Es wirkt erleichternd und befreiend, wenn diese intensiven Emotionen ausgedrückt und dargestellt werden können und wenn die Fähigkeit entdeckt wird, diese in Schach zu halten, damit sie weder uns noch andere zerstören. Es ist genau dieses Bedürfnis, das die meisten Kinder im Schulalter früher oder später zum Zündeln, dem verbotenen Spiel mit dem Feuer verleitet. Wenn ich mir dann sogar eingestehen kann, daß ich auf Mutter, Vater, Lehrer oder Therapeutin eine Mordswut habe, daß ich auf meinen Bruder schrecklich eifersüchtig bin oder allen anderen Kinder gegenüber Neid empfinde und wenn ich Mitmenschen finde, die mich mit meinen Schwierigkeiten verstehen und mich nicht verurteilen, kann ich vielleicht auch etwas toleranter werden.

Franz hat uns bereits mit seinem Schmiedespiel gezeigt, daß ein Kind entdecken kann, wie die kontrollierte Kraft des Feuers zum kreativen Werken genützt werden kann. Sie läßt Eisenstücke schmelzen oder schweißen, genauso wie zugelassene Emotionen Erstarrungen schmelzen oder mitgeteilte Gefühle Beziehungen schweißen.

Luft

Spiele mit und in der Luft sind weniger selbstverständlich als Spiele mit Erde, Wasser und Feuer. Die Luft ist weder sichtbar noch greifbar. Das Kind erlebt relativ spät bewußt, daß es Luft in sich hat. Erst zwischen zwei und drei Jahren lernt es zu blasen oder im Wasser die Luft anzuhalten. Die Luft außerhalb des Körpers ist nicht greifbar, nur wenn sie sich im Wind bewegt, können wir sie spüren. Auch erleben wir sie als grenzenlos, mit dem Himmel und fernen Ländern in Verbindung.

Nicht nur dem Kind erscheint es wie ein Wunder, wenn es ihm gelingt, luftige Seifenblasen zu machen. Schwerelos und durchsichtig glänzend schweben sie ein paar Sekunden, um dann fast lautlos zu platzen und spurlos zu verschwinden.

Da die Luft von den menschlichen Sinnen kaum erspürt werden kann, wird sie symbolisch zum Gegenpol der Materie, nämlich zum Geist. In diesem luftigen, schwerelosen

Reich des Geistes wohnen die Gedanken, die Träume, die Phantasie. Hier entstehen Ideen, Ideale und Illusionen.

Ein Kind mit einem Luftballon schaut nach oben. Sein Luftballon fliegt wie ein Vogel, wie ein Wunsch oder ein Traum. Wenn der Luftballon über Nacht sinkt, ist der Traum vorbei und ein neuer Tag mit seinen konkreten Forderungen und Pflichten beginnt. Wenn der Ballon davon fliegt, ist der Wunschtraum verloren, und das Kind fühlt sich oft schuldig, weil es ihn nicht hat halten können.

Bunte Ballons aufzublasen und aufzuhängen, ist ein festliches Spiel. Besonders bei – echten oder imaginären – Geburtstagsfesten wird ein Mensch mit seinen Wünschen, Plänen oder erfüllten Idealen gefeiert.

Platzt der Luftballon, so weint das Kind traurig und enttäuscht. Seine Illusion ist zerstört, sein Traum vernichtet. Ein solches Erlebnis kann im Spiel dramatisiert oder in einer Zeichnung dargestellt werden. Es veranlaßt uns zur Frage: Wer ist schuld, daß das Leben oft hart, unbarmherzig und grausam ist?

Ein Nachbarskind hat bei einem sonntäglichen Besuch mit seiner Familie im Erdgeschoß in meiner Praxis ein Körbchen voll Luftballons gefunden. An der Wand sind mit Reißnägeln Zeichnungen aufgehängt. Wir Erwachsene sitzen mit anderen Kindern im ersten Stock beim Kaffe. Plötzlich hören wir einen Knall nach dem anderen. Bald sind alle Kinder verschwunden, und wenig später wird uns ein übermütiges „Luftballonexplosionsspektakel" geboten. „Du aufgeblasener Ballon, ich ersteche dich", könnte es heißen. Wir können uns fragen, was wohl diese Kinder mit dem aufgeblasenen Luftballon im spielerischen Racheakt platzen lassen: zerstörte Illusionen von Familienharmonie? Frustrierte Liebesbedürfnisse? Betrogene Ideale von Gerechtigkeit? Enttäuschte Hoffnungen auf Lob? All dies sind mögliche Motivationen.

Es geschieht oft in meiner Praxis, daß Kinder ihre Frustrationen anhand von Luftballons platzen lassen. Auch hier brauchen die Kinder unser Verständnis. Die Wut, die auch in diesem Spiel ihr Ventil findet, macht zunächst auch dem Kind angst. Sie könnte ihm ja mit dem explodierenden Ballon ins Gesicht springen. Es will dann vielleicht lieber wie in Jahrmarktsbuden aus einer gewissen Distanz auf den Ballon schießen.

Markus mit seinen tiefgehenden Ängsten spielt anders. Während der ersten Therapiemonate liebt er es, sich mit dem ganzen Körper auf den großen Gymnastikball zu legen. Immer wieder öffnet er anschließend das Ventil, um etwas Luft herauszulassen, zuerst wenig, dann immer mehr. Jedesmal muß ich den Ball mit der Pumpe wieder aufblasen. Er selbst tritt zurück, schaut zu und wagt es erst viel später, die Pumpe selbst auszuprobieren.

Ein solches Spiel kann nur versuchsweise in Worte übersetzt werden. Markus befürchtet nicht nur, wie das Wasser in der Toilette mit seiner Substanz verloren zu gehen, er hat auch Angst, seine geistigen Inhalte, seine Wünsche, seine Gedanken und Hoffnungen zu verlieren und nicht mehr erneuern zu können. Dann mag er sie nicht „herauslassen". Wie wenn sich einer das Ausatmen verkneifen würde.

Der fliegende Luftballon hat Luft in sich und um sich herum, er fliegt in der Luft. Eindrucksvoller, weniger magisch, aber schwieriger in der Luft zu halten sind Drachen. Es benötigt Geschick, Drachen herzustellen und sie zum Fliegen zu bringen. Auch muß Wind da sein. Viel Zeit und Phantasie wird investiert, obwohl ein Drache zu nichts nützlich ist. Dennoch oder gerade deshalb ist es eine ganz besondere Genugtuung, hoch oben das eigene farbige Schild in der Luft tanzen zu sehen. Die Psyche erlebt den Drachen als ein Produkt nicht zweckgebundener Phantasie, wie ein tanzendes Luftschloß oder ein übermütiges Gedicht.

Drachen zu bauen und fliegen zu lassen, ist ein Spiel größerer Kinder und Erwachsener, genauso wie das Herstellen von Flugzeugmodellen. Der Wunsch, sich schwerelos und fern von der Erde in der Luft zu bewegen, ist so alt wie der Mensch. Denken wir nur an den mythischen Ikarus oder an Leonardo da Vinci. Sich im Spiel diesen Wunsch zu erfüllen, entspricht möglicherweise dem Bedürfnis, sich auf einer geistigen Ebene zu bewegen. Das Kind kann mit seinem Flugzeugspiel darstellen, daß es sich Gedanken machen, mit Ideen experimentieren und diese mitteilen möchte. Es will seinen geistigen Horizont erweitern. Das Fliegen-Wollen kann aber auch mit der Flucht vor der frustrierenden Realität zu tun haben. Oder damit, daß man „abheben" möchte, weil man die konkrete Wirklichkeit nicht mehr ertragen kann und sich Distanz und Überblick verschaffen will.

Daß mit dem Höhenflug Absturzgefahr verbunden ist, wissen die Kinder, auch wenn sie die Geschichte von Ikarus und Dädalus nicht kennen.

Der noch nicht ganz Dreijährige, den wir beobachtet haben, als er sich vor Dinosaurierabbildungen versteckte, läßt seine kleinen Flugzeuge abheben und brummend einige Runden drehen. Dann stürzen sie immer krachend ab, manchmal stoßen sie gegen die Wand, manchmal trudeln sie oder stoßen zusammen. Wir wissen, daß es diesem Kind im täglichen Leben nicht gelingt, sich seinem Alter gemäß von der Mutter zu lösen und kreativ zu spielen, und daß seine Eltern übersteigerte Forderungen an ihn stellen.

Mit seinem Spiel zeigt dieser kleine Junge, daß er ausfliegen möchte. Er spürt die Fähigkeit vom mütterlichen Erdboden abzuheben und mit seinem eigenen Verstand kreativ zu werden, aber seine Versuche werden immer wieder zunichte gemacht. Da ist eine Wand, ein Hindernis, ein Rivale, oder plötzlich geht der zielgerichtete Antrieb verloren. Der Kopf dreht sich dann, und er sieht bloß noch Durcheinander. Das steht in diesem Fall mit den Verboten und unangepaßten Forderungen der Eltern in Zusammenhang.

Im Sandspiel entstehen im Schulalter oft Flugplätze. Manchmal muß zuerst Platz für eine Piste geschaffen werden. Für einen Flieger und dessen Pilot ist es wichtig, Raum und Triebstoff zu haben, genauso wie ein Kind Raum braucht, um eine eigene Gedankenwelt aufzubauen. Natürlich ist es ebenfalls wichtig, nach einem Höhenflug wieder korrekt zu landen, auf den Boden zurück zu kommen und nicht „in den Wolken" hängen zu bleiben oder aus Mangel an Kontakt mit dem Boden, das heißt mit den konkreten Problemen, abzustürzen.

Oft werden Probleme im Lernbereich und Ängste vor Mißerfolgen im Spiel durch Schwierigkeiten im Luftverkehr dargestellt. In direkter Analogie erwartet die Schule Tag für Tag erfolgreiche Anstrengungen im geistigen Bereich, Leistungen werden dauernd gemessen, und die Kinder sind unweigerlich dem Wettkampf, dem „Wettflug" mit den Gleichaltrigen ausgesetzt.

In der Familie rivalisieren größer werdende Söhne auch immer stärker mit dem Vater und umgekehrt. Wenn ein Vater seinem Sohn ein ferngesteuertes Flugzeug schenkt, fällt es ihm vielleicht nachher gar nicht leicht, diesem das Kommando zu überlassen. Im gemeinsamen Spiel wird um das Bordkommando gestritten: Wer hat hier das Sagen? Wer befiehlt wem? Heute braucht es dazu auch kein echtes Spielflugzeug mehr. Man kann ebenso um das Kommando des Joystick am Flightsimulator des Computers streiten. Hier kommen wir schon in den Bereich des spielerischen Wettstreits, dem wir uns später noch zuwenden werden.

Bauen und zerstören

Aufstellen von Türmen und Mauern

Zum Bauen braucht es Baumaterial wie Erde, Sand Steine oder Holzstücke. Für solide Bauten sind Bauelemente von geometrischer, womöglich auf dem Rechteck basierender Form notwendig.

Ein Kind, das baut, wirkt auf seine Umwelt ein, verändert sie, schafft nicht nur Ordnung, sondern auch Struktur. Es macht aber gleichzeitig die Erfahrung, daß es mit Elementen, mit Bausteinen einen persönlich strukturierten Raum schaffen kann. Es kann einen Raum vom andern trennen, es kann Grenzen oder Verbindungen herstellen.

Im konstruktiven Spiel ist dem Kind deshalb neben der Lernerfahrung über geometrische Gesetzmäßigkeiten die Möglichkeit gegeben, seelische Bedürfnisse von Raum, Begrenzungen und Verbindungen darzustellen.

Das allereinfachste Bauspiel, die einfachste Geste des Bauens ist das Aufstellen. Spätestens im zweiten Lebensjahr gelingt es dem gesunden Kind, ein Spielzeug, ein Klötzchen, ein Häuschen aufzustellen. Damit zeigt es sich und den anderen, daß es nicht nur mit seiner Motorik, sondern auch mit seinem Verstand an der menschlichen, das heißt einer vertikalen Ordnung teil hat. Es ist befriedigt, wenn sein Spielzeug steht. Es kann eine Ordnung von oben und unten herstellen und stehenden Dingen ihren Platz zuweisen. Wenn wir einem kleinen Kind beim Bauen zusehen, bewundern wir automatisch seinen Einsatz und seine Willensanstrengung.

Wenn das Kind diese hergestellte Ordnung absichtlich wieder zerstört, wenn es das Stehende wieder umwirft, so bekundet es unmißverständlich seinen eigenen Willen bzw. seinen Unwillen.

Wenn eine junge Mutter sich beim Elterngespräch über die immer gleich bleibende Ausstellung der Schlümpfesammlung ihres Achjährigen ausläßt und erzählt, wie er sie angeflucht habe, weil sie die Aufstellung in seiner Abwesenheit verändert und interessanter gestaltet habe, hat sie offensichtlich seinen Willen mißachtet und mangelndes Einfühlungsvermögen bewiesen.

Wollen doch auch Erwachsene ihre persönlichen Spielsachen, ihre Nippes auf dem Schreibtisch, auf dem Kamin, oder die Bücher im Regal in ihrer Position respektiert wissen.

Das Kind stellt mit seinen Besitztümern eine persönliche Ordnung her, in der es sich wiedererkennen und mit sich in

Einklang fühlen kann. Als Willensausdruck soll diese Ordnung respektiert werden. Stellt die Familie dem Kind aus „gesunden" erzieherischen Prinzipien ein Ordnungssystem für dessen Besitztümer und Spielsachen auf, so setzt dieses seinen Willen oft durch Unordnung durch. Auch ich habe jahrelang mit meiner Tochter wegen ihrer Unordentlichkeit streiten müssen.

Wenn nun zwei Elemente, zwei Klötze aufeinander gestellt werden, entsteht ein Turm, der nach oben strebt. Je höher, desto schwieriger, desto größer das Risiko des Zusammenbruchs.

In meiner Praxis gibt es eine Schachtel voll winziger Klötzchen, die eigentlich als Testmaterial für Feinmotorik gedacht sind. Schon mehrmals wurde sie von verunsicherten Jungen im vorpubertären Alter spontan hervorgeholt. Im Test geht es darum, die Türme so hoch wie möglich zu bauen. Mit erstaunlicher Geduld prüfen die Jungen ihre diesbezüglichen Fähigkeiten und verbessern nach und nach den eigenen Rekord. Sich konzentrieren können, sich nicht aufregen oder ablenken lassen, standhaft zu sein im eigenen Ehrgeiz, ist die angestrebte Erfahrung. Wenn man dazu Anerkennung und Bewunderung erntet, kann man auf das sichtbare vertikale Resultat „männlicher" Kreativität stolz sein. Der Turm hat eine eindeutig phallische Form, was nicht heißen soll, daß Mädchen sich in dieser Art von Baukünsten nicht auch üben könnten.

Therese ist bei unserem allerersten Treffen Zweitkläßlerin und baut einen vertikalen Turm aus Holzkisten und Klötzen. Sie möchte, daß er größer wird als sie selbst, ich muß ihr deshalb dabei helfen. Als der Turm fertig ist, beginnen ihre Augen zu blitzen, und ihre Absicht ist unverkennbar, sie möchte ihn umstoßen. Da die Klötze uns auf den Kopf fallen könnten, erinnere ich sie an die in den Therapieräumen geltende Regel der Nichtbeschädigung. Sie erfindet ein für uns ungefährliches Zerstörungsspiel. Mit dem Ball wird der Turm aus gebührender Distanz bombardiert und zum Einstürzen gebracht. Nach einem Elterngespräch wird mir klar, daß dieser Turm stürzen muß, weil er mit schulischen und väterlichen Überforderungen zu tun hat.

Wir haben Hanspeter beim Herstellen seiner Vulkanlandschaft kennengelernt. Er ist wortkarg und wagt es auch in der Schule nicht, seine Intelligenz aktiv und verbal zu zeigen. Immer wieder baut er in seinen Stunden schweigend und mit unglaublicher Geduld aus schmalen Klötzen kreuzweise einen Turm. Er möchte, daß dieser bis an die Decke reicht. Als der Turm im Bau einmal zusammenstürzt, beginnt er unbeirrt von vorn. Sein Bau gelingt ihm mehrmals, da er die Arbeit gut vorbereitet. Zuerst sortiert er die Klötze, dann werden sie der Größe nach aufeinander gestapelt, so daß das fertige Gebäude ein wenig dem Eifelturm gleicht. In einer späteren Version wird der Turm mit Menschen bevölkert, die von einem Lift rauf und runter befördert werden.

Auch Hanspeters Spiel gewinnt durch das Wissen um seine familiäre Situation an persönlichem Sinn. Seine Eltern leben getrennt, und er sieht seinen Vater nur selten. Auf Briefe erhält er meist keine Antwort. Es geht offensichtlich auch bei diesem Turmbau um männliche Ambitionen. Der Turm muß deshalb besonders hoch sein, weil dem Jungen eine konkrete väterliche Anerkennung und Unterstützung fehlt. Hanspeter will es aber auch allein schaffen. Es gelingt ihm, in sich männliche, konstruktive Fähigkeiten zu aktivieren, und er läßt seinen belebten Turm auch von seiner Therapeutin bewundern.

Wenn die Klötze aufeinander und nebeneinander geschichtet werden, entsteht eine Mauer. In einer einmaligen Konsultation bringt mir eine Mutter einen knapp Fünfjährigen zu Beobachtung. Er ist unruhig, hat Trennungsängste, Beziehungsprobleme im Kindergarten und ist immer wieder krank. Die Mutter möchte aber, daß er nächstes Jahr in die Schule geht. Im freien Spiel möchte er sich ein Haus, eine

Hütte bauen. Dies gelingt ihm aber nicht. Er schichtet die Klötze ausschließlich auf- und nebeneinander. Es entsteht eine Mauer.

Der vierzehnjährige Karl, dessen Eltern vor allem an seinen Schulleistungen interessiert sind, während er vor allem darunter leidet, daß er keine Freunde hat, baut sich immer wieder mit Klötzen und Kisten eine Mauer. Auch ich muß dasselbe tun. Dann werden die Bälle verteilt und die Schlacht geht los. Welche Mauer überlebt?

Das Spiel eines Zweitkläßlers ist ähnlich: Beide müssen wir eine Mauer bauen. Da er im Gefecht seine Geschosse nicht verlieren will, bindet er diese an Seile. So eignen sie sich auch besonders gut zum Einreißen der gegnerischen Hexenmauer.

Was bezwecken diese Kinder mit ihren Mauern? Der Fünfjährige möchte sich ein Haus bauen, er spürt das Bedürfnis nach einem geschützten, geschlossenen, persönlichen Raum. Irgendwie gelingt es ihm aber nicht, das Bild eines solchen Raums in sich zu aktivieren, um es im Spiel zu verwirklichen. Dabei ist er geistig keineswegs rückständig. Es gelingt ihm nur der Bau einer Mauer. Diese schützt ihn aber nur in eine Richtung, nämlich nach vorne. Man kann sich dahinter verstecken, muß aber immer auf der Hut bleiben. Vielleicht sind es die vielen Krankheiten, vielleicht auch die geringe Einfühlungskraft der Mutter, die kein genügendes Geborgenheitsgefühl entstehen lassen. Der Kleine fühlt sich unsicher, rennt unruhig herum und schafft es höchstens, „Mauern" zwischen sich und den gefährlichen anderen zu erstellen.

Der Vierzehnjährige zeigt mit seinem Spiel, daß er ebenfalls einen Schutzwall braucht, der umgehend getestet wird. Anderseits möchte er aber meinen Wall und damit auch andere ihn auf Distanz haltende Wände zerstören oder wenigsten eine Bresche öffnen. Er will einen Durchgang schaffen, um Kontakt herzustellen und sich mitteilen zu können.

Die Erfahrung, die der Siebenjährige sucht, ist ähnlich. Er muß sich selbst noch extrem schützen, und sobald er sich in Gefahr wähnt, erfindet er zu seiner nicht allzu stabilen Mauer eine imaginäre, unsichtbare, aber undurchdringliche magische Wand. Die gegnerische Therapeutin soll entwaffnet, entmachtet und ihres Schutzwalls beraubt werden. Sie verkörpert die Hexe, die gleichzeitig für die zerstörerischen und negativen Seiten der Mutter, möglicherweise auch der Großmutter steht. Diese sollen bei dem Angriff gebannt werden, damit sich das Kind endlich vertrauensvoll entspannen kann.

Besonders dicke Mauern sind Festungen. Bevor Max seinen „Großen Krummen" im Bild bekämpft, wird das Feindbild auch auf die Therapeutin projiziert. Max gibt seine ganze Intelligenz und motorische Geschicklichkeit ins Spiel. Seine Mauer mit Seilen fixiert, wird zur uneinnehmbaren Festung. Meine hingegen muß in Stücke zerschlagen werden.

Wie bei den zerstörerischen Wasserspielen können bei der Zerstörung von Bauten eigene zerstörerische Erlebnisse im Spiel dargestellt werden. Da die Bauelemente aber nach dem Sturz erhalten bleiben, kann das Gebäude wieder hergestellt werden. Das Kind erfährt also, daß Zerstörtes, Zerbrochenes wieder repariert werden kann.

Beim aktiven Zerschlagen und Zusammenstürzen-Lassen können ebenso wie beim spielerischen Verbrennen zerstörerisch erlebte Emotionen zum Ausdruck kommen. Beim Zerschlagen und Umstoßen kommt aber auch die konkrete Körperkraft ins Spiel. Wie beim Holzhacken wird „Dampf" abgelassen. Der als zerstörerisch erlebten Aggressivität wird Ausdruck verliehen, und das Kind kann es wagen, sich mit ihr auseinanderzusetzen.

Aus der geschützten Stellung hinter einer Mauer können negative Phantasien, das heißt als zerstörerisch erlebte Inhalte der Psyche, weggeschleudert, auf die andere Seite der Mauer projiziert und dort konfrontiert werden.

Mit der Mauer, mit der Wand verschafft sich die kindliche Psyche eine Grenze. In den beschriebenen Spielsequenzen unterscheiden die Kinder zwischen einer jeweils zu schützenden und einer gegnerischen Seite, die es zu bekämpfen gilt.

Sabine spielt am Sandkasten. Sie ist sieben und läßt im Sand eine Welt mit allerlei Tiere entstehen: Pferde, Kühe, Ziegen, Hirsche, Elefanten, Zebras, Löwen, Tiger, Hasen, Igel, Hühner, Krokodile und so weiter. Alle wollen in diesem Garten Eden verweilen. Wir schauen uns das Ganze an. Wie wunderbar, wenn es eine solche Welt gäbe. Aber auch Sabine hegt allmählich Zweifel und sorgt sich um die kleineren und schwächeren Tiere. In einem zweiten Sandkasten baut sie mit nassem Sand einen zentralen Wall. Dann nimmt sie ein Tier nach dem anderen, entscheidet, ob es gefährlich oder ungefährlich, böse oder lieb ist. Die Lieben kommen ins Feld links des Walls und die Bösen nach rechts. Manchmal dreht sie den Kopf zu mir: Ist ein Büffel, ein Elefant böse oder lieb?

Sabine übt sich im Unterscheiden. Tiere leben instinktiv und triebhaft. Sie haben deshalb im Spiel mit den menschlichen Trieben zu tun. Daraus können wir folgern, daß es für dieses Mädchen an der Zeit ist, in ihrem undifferenzierten Kleinkinderparadies Ordnung zu schaffen. Sie muß unterscheiden und entscheiden lernen. Nur so können kleine, schüchterne Tiere, aber auch schwerfällige, ungeschickte und nicht nur die aggressiven, gierigen und gefräßigen Tiere überleben.

In Sabines Sandkasten entstehen bei diesem Spiel zwei eingezäunte Bereiche. Kinder im Grundschulalter spielen auch heute noch gern Bauernhof, Zirkus oder Zoo. Dazu braucht es Zäune. Aus fertig vorgefundenen Zaun- und Mauerstücken, aus Bauklötzen und Ästen entstehen Gehege.

Beim spielerischen Herstellen von Gehegen, beim Einzäunen und Trennen von verschiedenen Tierarten verbessert und verfeinert sich die Unterscheidungsfähigkeit des kindlichen Ichs. Unterschiedliches – nicht zuletzt auch gegensätzliche Triebe, Emotionen und Gefühle – kann nebeneinander existieren, vorausgesetzt, daß vorher eine Zuordnung und Trennung vorgenommen wurde. In einer Umzäunung können auch unruhige oder wilde Tiere genährt und gezähmt werden. Kleine oder geschwächte Tiere können erstarken, wenn sie durch ein Gehege, durch einen Zaun vor Eindringlingen mit bösen Absichten geschützt sind.

Thomas, dessen anfänglich bodenlose Angst wir kennen gelernt haben, wagt sich erst viel später wieder an den Sandkasten. Bevor er aber seine Spuren, seine Straßen und Brücken im darstellenden Spiel dem Sand anvertraut, verdoppelt und erhöht er den Kastenrand mit speziell zu diesem Zweck zugeschnittenen Holzstücken. Erst wenn sein kreatives Feld so mit einer Art Pallisadenwand abgesichert ist, beginnt er darin sein persönliches Spiel. Dies hat mich sehr beeindruckt.

In der analytischen Psychologie wird das menschliche Ich als Zentrum des Bewußtseins definiert. Der französische Psychoanalytiker Didier Anxieu vergleicht das Ich mit der menschlichen Haut. Sie trennt das Innen vom Außen, schützt das Innen vom Außen, vermittelt aber auch zwischen beiden Sphären. Dies scheint mir ein für das Verständnis der kindlichen Psyche nützliches Konzept.

Haus, Hütte, Burg

Wer hat nicht als Kind sein Haus, seine Hütte, sein Zelt gebaut!

Der Zweitkläßler Natan fragt mich einmal mit ernstem Blick, was für mich das Wichtigste im Leben sei. Ich denke an die lebenswichtige Nahrung und stelle ihm die gleiche Frage. Für ihn ist es das Wichtigste, ein Haus zu haben. Wir müssen deshalb nicht nur ein, sondern gleich vier Häuser bauen. Er wünscht sich vier Goldsilos wie Dagobert Duck, in denen er auch wohnen kann. Als Panzerknacker muß ich versuchen, diese auszurauben, was mir nie gelingt, da diese bestens bewacht und verteidigt werden. Auf unmißverständliche Weise teilt dieser Junge sein enormes Bedürfnis nach Selbstwert und Geborgenheit mit.

Ein Haus, auch eine Hütte oder ein Zelt aus Tüchern und Decken umgibt das Kind mit einer Hülle. Wie eine zweite größere Haut ist diese nicht nur nach vorne oder auf vier Seiten, sondern rundherum, auch nach oben und unten verschlossen. Damit es darin weich wird, legen Kinder oft Teppiche und Kissen hinein, so daß man darin bequem liegen, ruhen und schlafen kann. Welch ein Gefühl der Geborgenheit, in einer eigenen ausgepolsterten Hütte zu liegen, fast wie in Mutters Schoß, im Uterus. Höhle, Hütte und Haus gehören deshalb zu den Symbolen des archetypisch Mütterlichen. Wird das Haus aber zum Schloß oder zur Burg mit dicken Mauern und Türmen, kommt der archetypische väterliche Schutz gegenüber der Außenwelt zum Ausdruck.

Im Grundschulalter erbettelten wir uns im Sommer oft Tücher und Decken, um im Garten ein Zelt zu improvisieren. Uns am Abend richtig darin schlafen zu legen, war der Höhepunkt. Ich wagte mich das aber nicht allein, sondern nur in Gesellschaft von Geschwistern oder Freunden. Um ruhig im dunkeln einschlafen zu können, hätten mir die Stoffwände doch nicht genügend Geborgenheit verschafft. Gemeinsam übten wir uns im Angstaushalten und erzählten uns Gruselgeschichten.

In einer Hütte aus Leinentüchern und Decken unter dem Wohnzimmertisch ist es weniger gruselig. Mit viel Spaß konstruierte mein vierjähriger Sohn für sich und seinen Freund eine solche Hütte. Geheimnisvoll hantierten die beiden in ihrem Unterschlupf. Mit dem Bau einer Hütte schafft sich das Kind spielerisch einen Innenraum, den es ganz für sich besitzt, in dem es sich verstecken kann, in dem es sich auch vor den kontrollierenden Augen der Erwachsenen geschützt fühlt.

Kinder, die eine Therapie benötigen, sind verunsichert. Sie werden von ihrer Umgebung als problematisch erlebt; etwas stimmt mit ihnen nicht. Dies geht meist mit Gefühlen der Ungeborgenheit einher. Deshalb entstehen in meiner Praxis Tag für Tag Hütten, Zelte, Häuser, Festungen, Burgen und Schlösser.

Wie beim Ballonspiel wagt Markus es vorerst nicht, selbst beim Bauen mitzuhelfen. Wenn aber ein viereckiges Häuschen aus Klötzen, Brettern und Tüchern für ihn bereit steht, kriecht er hinein und schließt die Vorhangtür hinter sich. Rundherum verschließt eine Tücherwand das Haus, und sein Spiel besteht einfach darin, mäuschenstill darin zu liegen. Manchmal will er auch am Ende seiner Stunde nicht herauskommen, und seine Mutter muß ihn suchen und geduldig um ihn werben. Mit diesem Spiel sucht Markus immer wieder die Erfahrung von Geborgenheit. Er verschafft sich dabei das physische und psychische Erlebnis einer Hülle, in welcher weder das Innere unbarmherzig den Gefahren von außen noch die Außenwelt schutzlos den aus dem Inneren kommenden und als gefährlich erlebten Emotionen ausgeliefert ist.

Thomas entdeckt in seiner dritten Therapiestunde solides Baumaterial, große Klötze und Bretter. Mit einem sehr persönlich gestalteten Hausbauspiel unterstreicht er, wie besonders wichtig es für ihn ist, daß sein Haus undurchlässig und dicht ist. Beim Bauen mit Brettern und Klötzen entstehen Spalten. Geduldig werden diese mit Klebstreifen abgedichtet. Es handelt sich um ein sehr altes Haus, das repariert werden müsse.

Der fünfjährige Tobias leidet unter Trennungsängsten. Zu Hause ist er neugierig und aufgeweckt, wenn seine berufstätige Mutter aber weggehen muß, klammert er sich an sie und fällt in die Babysprache zurück. Im Kindergarten isoliert er sich von den anderen Kindern. Nun steht die Einschulung bevor. Da die Familie den Umzug in ein neues Heim plant, soll diese auch noch in einer anderen Gemeinde stattfinden, wo Tobias niemanden kennt. Während seiner ersten Therapiestunde überwindet er seine Angst vor mir durch ein Kontaktspiel mit Plüschtieren. Dann führt er diese Tiere spazieren, baut ihnen Wege und Unterschlüpfe. In den folgenden Stunden entsteht aus einem Vorhang ein Zelt über weichen Kissen. Mit all seinen kleinen weichen Freunden, mit Teddybär, Häschen, Hund, Maus, Küken und Schlange zieht er sich in dieses Zelt zurück. Auch holt er Rosinen und Haselnüsse, mit denen er sich und seine Tiere füttert. Dann liegt auch er einfach still. Später muß ich von außen drohende Geräusche machen. Tobias öffnet einen Spalt, späht hinaus und schließt wieder gut ab.

Mit seinem Spiel zeigt uns Tobias, daß man ein Häuschen, ein Zelt auch dazu brauchen kann, um sich zurückzuziehen, um sich auszuruhen. Er verschafft sich eine häusliche Hülle, die ihn vor den Forderungen der Außenwelt schützt. In seinen privaten Innenraum nimmt er kleine Lieblinge mit, um sie zu nähren und zu stärken. Tobias Plüschtiere bringen uns das von Winnicott beschriebene erste Spiel des Kleinkindes in Erinnerung. Die weichen Tiere haben die Funktion von Übergangsobjekten und helfen Tobias, seine Trennungsängste zu überwinden. Auch können wir uns vorstellen, daß Tobias mit der Fütterung der kleinen bedürftigen Tiere eigenen kleinkindlichen Seiten Nahrung und Pflege zukommen läßt.

Kindliche Häuschen und Hütten bieten sich dazu an, dort etwas zu lagern. Oft wird Nahrung gebraucht, um sich in Ruhe neue Energie zu verschaffen. Oder es wird Licht, vielleicht eine Taschenlampe benötigt, um sich auch im Inneren orientieren und Gefahren erkennen zu können, oder es werden Waffen deponiert, um sich Angreifer vom Leibe zu halten. Gefühlvolle Kinder nehmen sich gerne Musik mit in ihr geheimes Refugium. Vom Feuer, das dem Haus Wärme spendet, haben wir schon gehört.

Oft werden im eigenen geschützten Häuschen ganz persönliche Bedürfnisse und heimliche Wünsche, die man sich selber eingestehen kann, aber vor der Außenwelt verborgen halten möchte, dargestellt. Die zehnjährige Käthe kocht in ihrem Hexenhaus Frösche und andere „grusige" Mahlzeiten. Dann braut sie ein Zauberelixier, ein Gift für ihre kleine Schwester. Sterben soll sie nicht, bloß ein bißchen Bauchweh kriegen. Später stellt sie für sich und ihre Freundinnen Schönheitsmittel her.

Ein Haus muß aber nicht unbedingt für immer dicht verschlossen sein. Ist das Gefühl der Geborgenheit im eigenen Gehäuse mehr oder weniger abgesichert, so kann man vielleicht ein Fenster oder eine Türe öffnen und Kontakt und Austausch suchen, man kann sich hinaus wagen. Genauso wie die kindliche Psyche, die mit anderen furchtlos kommunizieren kann, wenn sie sich sicher und geborgen fühlt.

Von Igor wissen wir, daß er wertvolle Perlen gesammelt und zu einer Kette aufgereiht hat, als Schutz bei späteren Abenteuern. Später baut er eine Hütte, in der er Nahrung zu sich nimmt. Auch nimmt er immer ein Gewehr mit hinein und hält es neben sich bereit. Bald stellt er sich vor, er höre in der Ferne Geräusche. Vorsichtig wagt er sich hinaus, sein Gewehr auf der Schulter. Als Jäger pirscht er sich durch den imaginären Wald, erschießt seinen Wolf oder Tiger und kehrt zum Kräfteauftanken in seine Hütte zurück.

Solche Jäger- oder Indianerspiele sind typisch für Kindergarten- und Schulkinder und finden sich in unzähligen kollektiven Spiele wieder.

In Igors Spiel können wir beobachten, wie es ihm der Zuwachs an Selbstwert und Geborgenheit möglich macht, sich äußeren Gefahren auszusetzen, mutig zu werden und sich gegen Angreifer zu verteidigen. Oft wird zuerst aus dem Fenster, aus Schießscharten, das heißt aus der geschützten Position im Inneren des Hauses auf die Feinde geschossen. Das Kind macht die spielerische Erfahrung, sich nicht nur im Schutze seiner Hülle wehren, sondern diese Hülle auch vor Angriffen verteidigen zu können. Jedes Kind erfindet seine persönliche Spielvariante.

Bettina ist besonders sprachbegabt und liebt und kennt viele Geschichten. Auch sie versteckt sich hinter einem Vorhangzelt. Für dieses Kind ist es wichtig, seine physische und psychische Hülle als schützend und undurchlässig erleben zu können. Bettina spielt das schlaue Schweinchen. Ich muß den Wolf spielen, der versucht, das Schweinchen zu überlisten. Ich soll mich der piepsenden Stimme eines Kükens bedienen, um mir in Schweinchens Haus Einlaß zu verschaffen: „Ich bin ein liebes kleines Küken, laß mich hinein!" „Das ist nicht wahr, du bist der böse Wolf!" lautet die Antwort. Die Tür bleibt verschlossen, und der Wolf zieht verärgert von dannen. Dann teilt mir Bettina die Rolle eines echten Kükens zu und läßt mich ins Häuschen, wo wir als Geschwister auf Mama Henne warten. Über lange Zeit wird dieses Spiel unverändert wiederholt.

Ist eine Angst tief verankert, kann sie nicht im einmaligen Spiel überwunden werden. Bettina fühlt sich in ihrem Gehäuse geborgen, muß sich aber immer wieder vergewissern, daß sie imstande ist, zu erkennen und zu entscheiden, was und wen sie hinein lassen will. Bettina ist das Mädchen, das noch nicht einjährig einen großen chirurgischen Eingriff erlebte. Sie zeigt mit diesem Spiel, daß sie diesen Eingriff als verräterischen, gierigen „Eindringling" empfunden hat. Bettina schickt den Wolf weg, lädt dann aber das kleine Küken ein. Sie will ganz sicher sein, daß es in ihrem Inneren friedlich bleibt, daß sie nur ganz Ungefährliches hineinläßt. Zwei Küken werden auch im Inneren keinen beängstigenden Streit entfachen. Als Küken muß ich mit Bettina das Bedürfnis nach mütterlichem Schutz teilen.

Was das Wiederholen des immer gleichen Spieles betrifft, hat mich meine Erfahrung gelehrt, daß Kinder von allein spüren, wann ihr rituelles Spiel verändert werden kann oder wann es überflüssig geworden ist, so daß ein neues begonnen werden kann.

Ist das Gefühl von Geborgenheit genügend erstarkt, kann man anderen Menschen wieder Vertrauen schenken, man kann jemanden zu sich einladen und später wieder gehen lassen oder wegschicken. Bei spielerischen Einladungen üben sich Kinder in ihrer Fähigkeit, allein oder miteinander zu sein, die Türe zu öffnen oder zu schließen, andere am eigenen Innenleben teilhaben zu lassen oder sich mit sich selbst zu beschäftigen. Gleichzeitig können persönliche Bedürfnisse von Nähe und Distanz den anderen mitgeteilt werden.

Schon weiter oben habe ich darauf hingewiesen, daß viele Kinder ab acht, neun Jahren ihre Bedürfnisse weniger durch spontan dramatisierte Spielszenen ausdrücken, sondern dazu tendieren, diese in Bastelarbeiten oder Zeichnungen darzustellen. Das Holz ist dazu ein besonders geeignetes Material. Kinder in diesem Alter haben genügend Fingerfertigkeit, um mit einfachen Werkzeugen umzugehen. Sie sind imstande, zielgerichtet und mit mehr oder weniger Geduld zu basteln. Auch genießen sie das Resultat eines mit den eigenen Händen angefertigten Gegenstandes.

Darum kommt es oft vor, daß Kinder in den oberen Grundschuljahren ihre Bedürfnisse von Geborgenheit und Schutz im Basteln eines Häuschens ausdrücken. Auch hier ist die individuelle Planung und Gestaltung wieder sehr aufschlußreich. Mit dem Bau eines Vogelhäuschens zum Beispiel soll kleinen Vögeln in Zeiten der Kälte Schutz und Nahrung geboten werden. Damit läßt ein Kind in seiner Phantasie eigenen bedürftigen Seiten Wärme und Stärkung zukommen. Beim Werken erlebt das größere Kind intensiver als im darstellenden Spiel, daß es durch den eigenen Einsatz konstruktiv seine Probleme nicht nur darstellen, sondern auch Lösungen erarbeiten kann.

Bastelt ein Elfjähriger ein Häuschen für seine Playmobilkinder und später ein Gehäuse für seinen Hamster, so enthüllt er kleinkindliche Seiten, die im täglichen Leben aus irgendwelchen Gründen zu kurz kommen oder zu kurz gekommen sind. Gleichzeitig geht er selbst auf dieses Manko ein, indem er seine konstruktiven Fähigkeiten aktiviert.

Wenn nun beim Hütten- oder Hausspiel nicht mehr die Außenwände als bergende Struktur, sondern die Innenausstattung zum Thema gemacht wird, so zeigt uns ein Kind damit, daß es mehr an der Innerlichkeit interessiert ist und sich weniger um das Außen, um die anderen kümmert. Es geht um die Differenzierung der Funktionen seiner Innenwelt. Ich glaube, daß meine eigenen innenarchitektonischen Mädchenspiele diese Bedeutung hatten. Mit solchen Spielen sucht ein Kind Antworten auf die Frage: Was braucht meine Innenwelt? Soll ich mir etwas kochen, brauche ich Nahrung, neue Kraft? Will ich eine Schlafstätte einrichten, ein weiches Bett, brauche ich Ruhe? Soll es gemütlich und gesellig sein, oder ist es wichtig, daß ich putze, daß ich Ordnung mache? Oder will ich, daß mein Haus auch innen nach meinem persönlichen Geschmack eingerichtet ist, daß ich mit mir eins werde und mir ein Gefühl von Harmonie verschaffe?

Ein zehnjähriger adoptierter Junge verwandelt sein Zimmer in einen Raum in einem alten Schloß und stellt in allen vier Ecken Kerzen auf. Er ist der Schloßherr. Er möchte damit darstellen, daß seine Innenwelt auch geschichtlich verankert sein soll. Mit seinem persönlichen Licht in allen Ecken unterstreicht er auch, daß in seinem Innern Licht herrschen soll, er muß um sich Bescheid wissen, um Herr im Hause zu sein. Später liest der Schloßherr Zeitung und zeigt damit, daß er nun, geschützt und Herr seiner Innenwelt, auch imstande ist, sich Informationen über die aktuelle Außenwelt zu verschaffen.

Lange bevor sie ihre Pferdespringen organisiert, läßt sich Franziska beim Hüttenbau helfen, sammelt wertvolle Gegenstände, die sie in den Therapieräumen finden kann und versteckt und ordnet sie in ihrem Häuschen. Dann besorgt sie sich Tisch, Stuhl, Papier und Schreibzeug und läßt den Türvorhang herunter. Vor meinen neugierigen Augen geschützt schreibt, kritzelt sie Briefe. In der Rolle des Briefträgers muß ich die Briefe austragen und ihr auch welche zukommen lassen. Schön stellt Franziska in ihrem Spiel dar, wie ihre Innenwelt zuerst abgegrenzt und die wertvollen Inhalte geordnet werden müssen, bevor sie mit der Außenwelt in Kontakt treten, geheime, persönliche Mitteilungen, vielleicht Freundschaftsbotschaften nach außen senden und welche empfangen kann.

Ein besonders faszinierendes Haus ist für größere Kinder der Camper oder Wohnwagen, das mobile Heim. Auf seinen vier Rädern kann man überall hin fahren, und man kann wohnen und bleiben, wo man will. In seinem Schutz kann man die ganze Welt bereisen. Einen ganzen Sommermonat lang zeichneten meine zwei Kinder solche Camper um die Wette. Der Schnitt der Zeichnung ermöglichte es, die Innenausstattung sichtbar zu machen: Kajütenbett, Toilette, Einbauküche, Geranientöpfe etc. – aller nur denkbare Komfort.

In unzähligen Stunden hatte Hans – wir haben ihn beim Inszenieren einer Feuersbrunst im Sandkasten kennengelernt – seine Behausungen perfektioniert und mit Bequemlichkeiten, Nahrung, Licht und Waffen ausgestattet. Ich mußte mir mein eigenes Haus bauen. So konnte ich eingeladen, aber auch ohne Gewissensbisse wieder entlassen und weggeschickt werden. Mit seinen überängstlichen Eltern würde Hans vielleicht gerne ähnlich handeln. Im Alter von zehn Jahren werden die kämpferischen Szenen in seinen Spielen immer wichtiger. Er zeichnet Heere von Feinden an die Wandtafel, die bekämpft werden müssen. Aber immer wird zuerst ein großes Zelt aufgebaut, voll Bequemlichkeiten, Nahrung und Waffen. Es wird zum Nomadenzelt umfunktioniert, das je nach Bedarf eingepackt, transportiert und in einem anderen Land wieder aufgestellt werden kann. Hans löst gleichsam auf intelligente Weise das Problem des Abbruchs am Ende seiner Therapiestunde.

Diese phantasievollen Spiele mit dem mobilen Heim sind Ausdruck eines wachsenden Bedürfnisses nach Selbständigkeit. Fühle ich mich in meinem Inneren wohl und zu Hause, so wächst der Wunsch, selbst für mich zu sorgen, mich in die Welt hinaus zu wagen, mich langsam von Mutters Schürze zu lösen und mich vielleicht sogar vom Vaterland zu entfernen. Um diese wachsende Selbständigkeit ohne allzu große Angst umsetzen zu können, soll das Geborgenheit, Nahrung und Schutz sichernde Haus überall hin mitgenommen werden. Um auch in der reellen oder phantasierten Ferne gefahrenlos zu überleben, aktiviert die kindliche Psyche das Bild des Wohnmobils oder des Nomadenzelts.

Mit Puppen spielen

Denken wir an Spielzeug, so erscheint in unserer Vorstellung sicher auch die Puppe. Unzählig sind die Wünsche, die Bedürfnisse und Erlebnisse, die in Puppen zu jeder Zeit und in jedem Land ihren Ausdruck gefunden haben.

Das Thema Puppenspiel ist unerschöpflich, und wir wollen hier wieder versuchen, durch lebendige Beispiele unser Verständnis zu erweitern.

Das Wort Puppe kommt vom lateinischen „pupa", das heißt „Mädchen". So ist es uns auch selbstverständlich, an das Puppenspiel vorerst als an ein Mädchenspiel zu denken. Das Herkunftswort „pupa" steckt auch im Wort Pupille, das ursprünglich „kleines Mädchen" bedeutet. Die Bedeutungsübertragung geht davon aus, daß sich der Beobachter in den Augen seines Gegenübers als Puppe spiegelt. Auf ähnliche Weise spiegelt sich das Menschenkind auch in seinem verkleinerten Abbild, der Puppe. Deshalb können wir über die Puppe, die sich das Kind für sein Spiel auswählt und über die Art und Weise, wie es mit dieser umgeht, einiges über seine Wünsche, Bedürfnisse, Ideale und über seine Befindlichkeit erfahren.

Meine Puppe

Da die eigenen Erfahrungen uns immer am meisten prägen, ist es hilfreich, sich an das eigene Puppenspiel zu erinnern. Wir können unseren Erinnerungen – das gilt natürlich für jedes Spiel – auch mit alten Fotos auf die Sprünge helfen.

In meinem Fotoalbum hat meine Mutter zwei in diesem Kontext bedeutungsvolle Fotografien nebeneinander eingeklebt. Links bin ich als fast Zweijährige zum erstenmal mit meinem neugeborenen Bruder abgebildet. Ich sitze auf einem Liegestuhl, das schlafende Brüderchen im dicken Wickelpaket liegt gewichtig auf meinem Schoß, und ich schaue etwas verkniffen und nicht sehr glücklich zur Seite. Auf dem anderen Foto stehe ich als kleines Mädchen dagegen stolz vor dem Fotografen und schaue ihm in die Augen. Ich schiebe im Garten einen Puppenwagen vor mir her.

In einem Album, das spätere Familienferien dokumentiert, finden wir dann beide Geschwister, nun etwa fünf und drei Jahre alt, mit dem Vater wieder. Die Familie steht zur Abfahrt bereit auf dem Bahnsteig. Die Mutter ist nicht abgebildet, da sie die Familienfotografin ist. Der Vater trägt einen Rucksack, aus dem ein munteres drittes Geschwisterlein in die Welt guckt. Mein Bruder und ich sind beide mit einem eigenen „Rucksäckli" bepackt. Aus meinem schaut ein Puppenkopf und aus seinem ein Teddybär heraus.

Eine Puppe im Puppenwagen spazieren zu führen oder einen Teddybär im Rucksack in die Berge zu tragen, gibt mir und meinem Bruder das Gefühl, ein eigenes Kind, ein eigenes Baby zu haben und es hegen und pflegen zu können.

In einem vorangegangenen Kapitel haben wir uns schon mit weichen Puppen und Plüschtieren befaßt, die dem Kind als Übergangsobjekt dienen und ihm helfen, die erste Trennungsangst zu überwinden. Dieses elementare Zu-zweit-Sein liegt auch späteren Puppenspielen zugrunde. Die genannten Beispiele weisen aber auch auf eine neue Bedeutungsebene hin.

Die Geburt von einem Bruder oder einer Schwester versetzt ein kleines Kind unweigerlich in eine Krise. Über die Eifersucht und über die Angst, die Liebe der Eltern zu verlieren, haben wir schon zu Beginn dieses Buches gesprochen. Ein noch elementareres Gefühl wird aber leicht übersehen. Dies ist der Neid. Versuchen wir das Erleben des kleinen Kindes bei der Geburt eines Geschwisters in Worte zu fassen: Mama hat ein Baby, sie hat es zuerst im Bauch, dann an der Brust und in den Armen. Wenn ein Papa da ist, ist auch er stolz. Ein neues Menschenkind gebären, ein Baby für mich haben, es nähren, hegen und pflegen, das möchte ich auch. Ich möchte auch stolz sein, ich möchte auch so wichtig, so notwendig und unentbehrlich sein für jemanden. Ich möchte nicht mit leeren Händen dastehen und zusehen, sonst werde ich von Neid und Eifersucht überwältigt.

Das sind die emotionalen Hintergründe des Puppenspiels, deshalb ist es auch so wichtig und universal verbreitet. Im Spiel mit seiner Babypuppe verwirklicht das Kind den Wunsch, selbst auch ein Baby zu haben. Gleichzeitig kann es seine Phantasie aktivieren und der Puppe all die Gefühle, Aufmerksamkeiten und Zärtlichkeiten zukommen lassen, die es sich für sich selbst wünscht. Es verinnerlicht mütterliche Verhaltensweisen, es lernt sich selbst zu bemuttern.

Die beiden Studien über Kinderneurosen unserer großen analytischen Pioniere Freud und Jung sind in diesem Zusammenhang besonders interessant. Bei der Lektüre von Freuds „Der kleine Hans" (1909) habe ich mich früher schrecklich über die Eltern und vor allem über die Mutter des vierjährigen Jungen geärgert. Diese hielten den kleinen Buben durch Kastrationsdrohungen und durch nächtliches Einbinden in einen Sack von für das heutige Verständnis normalen Masturbationsgesten ab. Auch schürte die Mutter einerseits Hans' Neugier in bezug auf Geschlechtlichkeit, indem sie ihn auf die Toilette mitnahm, führte ihn aber andererseits mit Storchengeschichten hinters Licht. Bei Hans wurden Phobien geradezu gezüchtet. Wir wissen heute, daß solch elterliches Verhalten auch zeitbedingt war.

Im Zusammenhang mit unserer Thematik ist es nach wie vor sehr interessant zu beobachten, wie der kleine Hans sich bemüht, seine Ängste mit seiner Phantasie und mit seinem Spiel zu überwinden. Der Vater beschreibt, wie der Vierjährige nach der Geburt einer kleinen Schwester, den Storchengeschichten zum Trotz, mit einer Puppe sein Verständnis über den Geburtsvorgang darstellt. Durch eine Öffnung im Mund, in der einmal ein kleines Blechpfeifchen befestigt war, steckt er ein Taschenmesser, um es zwischen den Beinen wieder herausfallen zu lassen. Danach phantasiert er, eigene Kinder zu kriegen: „Ich mag eins kriegen, aber die Mama darf keine kriegen, ich mag nicht" oder „Nächstes Jahr krieg ich eins". Sein Wissen, daß Buben keine Kinder kriegen, hält ihn nicht von seinem Spiel ab. „Ich war auch wirklich die Mama", „Ein Bub kriegt ein Mädel, ein Mädel kriegt einen Bub". In seinem Spiel möchte er mit seinen Kindern „alles tun, sie aufs Klosett führen, ihnen den „Podl" abputzen, halt alles, was man Kindern tut." Später wechselt er seine Rolle: „Früher war ich die Mama, jetzt bin ich der Vatti." Der Vater beschreibt, wie Hansens Ängste fast verschwinden, nachdem er den Geburtsvorgang im Spiel auch durch Auf- und Abladen eines Gepäckwagens dargestellt hat.

Jung (1910) beschreibt das Verhalten der eigenen Tochter Agathli und stellt dabei fest, das man die Kinder allgemein zu wenig anhört und sie in jeder Altersstufe in wesentlichen Belangen als Unzurechnungsfähige behandelt. Auch die kleine Agathe setzt sich mit der Geburt eines kleinen Bruders auseinander. Zur Pflegerin, die für das Neugeborene zuständig ist, meint sie gehässig: „Das ist nicht dein Brüderlein, das ist meins!" Dann umhegt sie ihre Puppe wie ein Baby und spielt selbst die Pflegerin. Auch verschafft sie sich ihr notwendiges Wissen über den Geburtsvorgang durch kindliche Fragen und Träume, was vom Vater positiv gewertet und einem kindlichen „Wissenschaftstrieb" zugeschrieben wird.

Sicher können in der Geschichte viele weitere Zeugnisse über ähnliche Spiele gefunden werden. Mir haben diese Beispiele bestätigt, daß die Darstellung von Problemen sowie die Suche nach einer Antwort auf ungelöste Fragen im Spiel mit der Puppe seit jeher zur Kindheit gehören.

Ein Puppenkind zu besitzen erfüllt den Wunsch, selbst ein Baby zu haben und hilft dem Kind, seinen Neid auf die Eltern zu überwinden. Auch haben wir schon darauf hingewiesen, daß es seine eigenen kindlichen Wünsche auf die Puppe übertragen und dort befriedigen kann.

Sabine sucht während ihren ersten Therapiestunden jeweils alle Baby- und Kinderfiguren des Puppenhauses zusammen. Jedes wird umsorgt und bekommt seinen Platz: die ganz Kleinen im Kinderwagen und in der Wiege, das Zweijährige auf dem Schaukelpferd und das Allerkleinste in Mutters Armen. Dann holt sich Sabine eine Babyflasche mit Milch und kuschelt sich damit auf das große weiche Kissen. Sie spielt selbst Baby und befriedigt so ihre kleinkindlichen Bedürfnisse im Nachholverfahren.

Sabines regressive Bedürfnisse können, wie in vielen ähnlichen Fällen, auf eine frühe Mangelerfahrung zurückgeführt werden. Als sehr kleines Baby war sie lange im Krankenhaus und hat später ihre Mutter durch langwierige Schlafstörungen überfordert. Zur Zeit des Therapiebeginns hatte die gesamte Familie große Schwierigkeiten, sich den Forderungen der ersten Grundschulklasse anzupassen. So gesteht Sabine ihren Püppchen all die frustrierten und zu kurz gekommenen kleinkindlichen Bedürfnisse zu: gehegt, getragen, gewiegt, spazieren geführt und gefüttert zu werden. Sabine sehnt sich nach Passivität, sie wünscht sich, nicht selbst aktiv und verantwortlich sein zu müssen, sondern sich zu entspannen und hegen zu lassen.

Auch größere Kinder, die sich im Schulleben sehr anstrengen müssen, um den Forderungen zu entsprechen, können in ihrer Freizeit über das Puppenspiel solche Bedürfnisse der kleinkindlichen Passivität befriedigen.

Jungen, die um ihre geschlechtliche Identität besorgt sind und nicht wie Mädchen mit Puppen spielen wollen, spielen oft auf ähnliche Weise mit Tieren. Weiter oben haben wir Tobias beobachtet, während er seine Plüschtiere füttert und spazieren führt, und wir haben Paul beim Basteln von Häuschen für Vögel und Playmobilkinder zugeschaut. Auch lebendige Kleintiere wie Hunde, Katzen, Hamster oder Meerschweinchen werden von Buben oft ähnlich spielerisch gehegt und gefüttert wie die Puppen von den Mädchen. Es ist dies für Jungen eine ausgezeichnete Art und Weise, in unserer Zivilisation Bedürfnisse von Zärtlichkeit und Pflege auszudrücken, ohne ihre geschlechtliche Identität zu kompromittieren.

Nun geschieht es aber nicht selten, daß Puppen- und Tierkinder nicht nur feinfühlig umhegt und gepflegt, sondern auch geplagt und mißhandelt werden. Es können damit, wie im Beispiel des zweijährigen Vreneli, Haß- und Eifersuchtsgefühle auf Geschwister ausgedrückt werden. Wie schon betont, ist es sehr wichtig, solche negativen Gefühle im Spiel ausdrücken zu können. Ein Kind erschrickt selbst über seine Haßgefühle, die oft mit dem Wunsch, den kleinen Rivalen verschwinden zu lassen, ihn zu verkaufen oder zu töten, einhergehen. Werden solche Gefühle verleugnet oder verdrängt, können sie zu aggressiven und zerstörerischen Taten führen oder die Beziehung über Jahre vergiften.

Gabi, die kleine Zwillingsschwester, drückt in ihrem Puppenspiel äußerst ambivalente Gefühle aus. Sie vergöttert ein kleines Babypüppchen. Dieses wird geherzt, in weiche Kissen und Decken gebettet, und wir müssen ihm hübsche Kleidchen anfertigen. Es ist ein kleiner Junge, und ich muß ihr immer wieder bestätigen, daß es das allerschönste sei. Auch Gabi hat kurze Haare und wird von ihrer Umgebung oft für einen Jungen gehalten. Später geschehen dem kleinen Püppchen allerdings schlimme Dinge, es wird von Räubern gestohlen, gefesselt, eingesperrt, und niemand kommt ihm zu Hilfe.

Als ich dieses Spiel zu verstehen versuchte, fragte ich mich immer wieder, ob Gabi mit den Mißhandlungen dem Zwillingsbruder gegenüber Haß- und Eifersuchtsgefühle ausdrücke, oder ob sie im leidenden, mißhandelten Baby ihre eigenen frustrierenden frühkindlichen Erlebnisse darstelle. Da Gabi sich während ihrer ersten fünf Lebensjahre ganz auf ihren Bruder stützte und ihn ständig imitierte, ist wahrscheinlich beides zutreffend. Das kleine Mädchen spiegelte sich in ihrem erfolgreichen Bruder und versuchte durch Angleichung Anerkennung und Zuwendung zu erhalten. Durch dieses Verhalten wurde aber ihre eigene kindliche Individualität mißhandelt. Gabi drückt in ihrem Spiel gleichzeitig ihre kleinkindlichen Ohnmachtsgefühle und den Wunsch aus, dem Bruder solle gleiches geschehen. Auch muß sie das vergötterte Bubenbaby fesseln und einsperren, um sich selber als Mädchen Platz zu schaffen.

Andere Kinder lassen ihre Puppen Erfahrungen machen, die sie selbst erlitten haben oder die sie befürchten, erleiden zu müssen. Die Puppenkinder bekommen Spritzen, werden gezüchtigt, sitzen gelassen oder vom Lehrer gescholten. Dabei kann eine Erfahrung oder Befürchtung im Spiel aber auch verändert und korrigiert werden. Die real erlebte Angst, von der Mutter im Krankenhaus verlassen zu werden, kann im Puppenspiel dargestellt und dadurch korrigiert werden, daß das Kind als Mutter die Puppe dem Arzt entzieht und beschützt. Negative Erfahrungen, die durch hartes Schicksal oder unachtsame Eltern verursacht wurden, können im Spiel bearbeitet werden. Ein negatives Elternbild kann dergestalt durch ein positives kompensiert werden.

Unerläßlich ist dabei, daß das Kind über sein Spiel mit dem mißhandelten Puppenkind bei Bezugspersonen auf Mitleid und Verständnis stößt. Erst dann kann der Drang zur stereotypen Wiederholung des Spiels überwunden werden. Mit einem Puppenkind, dessen Mutter im Spiel immer wieder stirbt, muß getrauert werden, und einem Tierbaby, das spielerisch immer wieder unbarmherzig behandelt wird, kann durch einfühlende Empörung geholfen werden, sich zu wehren. Ratschläge, das Spiel fröhlicher und weniger dramatisch zu gestalten, nützen dem Kind nicht.

Hier können wir uns auch fragen, was es mit der letzten Spielzeugmode auf sich hat: Was macht das Cyberbaby Tamagotshi so begehrt und interessant? Tausende von Kindern und Erwachsenen haben sich diese Computerküken angeschafft. Das virtuelle Tierbaby bleibt nur am Leben, wenn der Besitzer jederzeit bereit ist, auf seine Bedürfnisse einzugehen. Es will auf Kommando gefüttert, sauber gemacht, getröstet und es muß mit ihm gespielt werden. Kinder, die ihr Tamagotshi nicht in die Schule mitnehmen dürfen, vertrauen es den Eltern an. Damit es nicht stirbt, muß es von geduldigen Müttern überallhin mitgenommen und digital gehegt und gepflegt werden. Selbst erwachsene Geschäftsmänner lassen sich vom Computerbaby auf Trab halten.

Sicher hat das Versorgen eines Computertierchens nichts mit der Verantwortung für ein lebendiges kleines Tier gemeinsam. Ein Minicomputer ist ein elektronisches Spielzeug und kein Lebewesen.

Was bedeutet dann sein großer Erfolg? Dient ein Computertierbaby oder Tierbabycomputer dem gleichen Zweck wie eine Babypuppe oder ein kleines Plüschtier? Möchte auch der Manager, der sein Tamagotshi unterhält, ein Kindchen ganz für sich haben? Befriedigt auch er sein Bedürfnis, für jemanden lebensnotwendig und unentbehrlich zu sein? Oder projiziert er seine eigenen unbefriedigten kleinkindlichen Bedürfnisse, die im stressigen Arbeitsalltag keinen Platz mehr finden, auf sein Tamagotshi? Möchte eine Mutter, die das Tamagotshi ihres Kindes digital versorgt, diesem beweisen, daß sie es nicht vergißt? Oder kommt sie ihren eigenen regressiven Bedürfnissen nach? Und was geschieht denn überhaupt mit den gestorbenen Computerbabies?

Für meinen Geschmack ist es schöner und weniger beängstigend, ein menschenähnliches Puppenkind oder Plüschtier zu besitzen, das man in einer Ecke vergessen und bei Bedarf wieder hervorholen kann, dessen Bedürfnisse man sich selbst ausdenken und mit analogen Gesten anstatt mit digitalem Druck auf die Taste befriedigen kann. Da dies aber Kindern vorbehalten ist, überlasse ich die bedürftigen Tamagotshis gerne allzeit bereiten Managern.

Lassen wir nun aber das virtuelle Kükenbaby beiseite und wenden uns wieder den Puppen zu.

Wie die meisten Mädchen besaß ich nicht nur eine Baby-, sondern auch eine Mädchenpuppe. Sie hieß Erika, war aus Zelluloid und hatte zu Schnecken gedrehte Zöpfe. Ich liebte sie sehr, und zu Weihnachten erhielt ich für sie von ihrer „Großmutter" gestrickte Jäckchen, Söckchen, einen für sie genähten Sommerrock oder gar einen Schulranzen. Das Puppenmädchen teilte viele meiner Erfahrungen, wichtige Erlebnisse wiederholte ich mit ihr im Spiel.

Man nennt so etwas Realitätsspiel. Die Mädchen- oder Jungenpuppen haben hauptsächlich die Funktion eines Alterego, mit dessen Hilfe Erfahrungen verarbeitet werden. Wie mit dem Puppenbaby können auch anhand dieser Puppen negative Erlebnisse oder erlittene Mißhandlungen dargestellt werden.

Im Kindergarten- und Schulalter erbettelten wir von unserer zeichnerisch begabten Mutter Papierpuppen. Wir konnten sie ausschneiden und beliebig selbst gezeichnete und bemalte Kleider an ihre Schultern hängen. Diesen Puppen wurden nun alle Wünsche erfüllt: ausgefallene Fasnachtsgewänder, Partykleider, moderne Skihosen, ein „Tutu" fürs Ballett oder sogar ein Hochzeitskleid. Der Phantasie waren keine Grenzen gesetzt. Mehr als normalen Kindern glichen diese Puppen Prinzen und Prinzessinnen.

Auch die heutigen Mädchen- und Jungenpuppen dienen einerseits der Erlebnisverarbeitung und andererseits der Wunscherfüllung. Sie sollen es schön haben und das erleben, was sich ein Kind erträumt: schöne Kleider besitzen, Feste feiern, Reisen machen und Abenteuer erleben.

Ich habe bereits von Daniel erzählt. Bevor er sich einen Rock mit unzähligen Rüschen für seinen wunderbaren Tanz anfertigt, müssen wir einer Prinzessinpuppe ein langes Tüllkleid mit Schleppe und eine Pelzstola nähen und sogar ein Himmelbett herstellen. Daniel wünscht sich wohl nicht nur, die früh vermißte Mütterlichkeit in sich zu erleben – er wurde bald nach seiner Geburt von seiner leiblichen Mutter verlassen – und mit der aktuellen geliebten Mutter eins zu sein, er träumt auch von der herrlichen Geborgenheit einer kleinen Prinzessin, um die er seine kleine Schwester beneidet.

Mit Ruth, die darunter leidet, daß ihre Schulkameraden sie wegen ihrer Pummeligkeit aufziehen, fertigen wir in einer Art Schneiderwerkstatt schöne Kleider für ihre Puppen an. Sie näht einen langen, eleganten Rock für die Mädchenpuppe und ich Höschen für das Baby. Ruth befriedigt gleichzeitig kleinkindliche Bedürfnisse und träumt von Schönheit und Eleganz.

Natans Jungenpuppe, Held und Hauptdarsteller seiner Abenteuergeschichten, braucht unbedingt ein Karategewand. Sie soll üben und trainieren, um später eine Vaterpuppe zu retten. Das Wissen, daß der Junge seinen Vater als kleines Kind in einem Autounfall verloren hat, macht das Spiel leicht denkbar. Natan will im Spiel den Verlust des Vaters rückgängig machen. Daß dies ein Wunsch bleiben muß, wird ihm selbst klar. Durch seine spielerische Darstellung stößt er allerdings auf Mitleid und Verständnis, was ihn in seiner Trauer bestätigt und ihm hilft, sein inneres Vaterbild am Leben zu erhalten.

Sabine, die zunächst selbst Baby gespielt hat, braucht später unbedingt eine Barbiepuppe, um sie mit Glitzerschminke in eine Prinzessin zu verwandeln. Wünscht sie sich, so wie diese Barbieprinzessin zu sein?

Sabines Spiel bringt uns zu einem umstrittenen Thema: Was hat es mit der heiß geliebten Barbie-Puppe auf sich? Meine Tochter hat sich Jahre lang eine gewünscht und keine erhalten. Ich fand und finde sie immer noch unmöglich, die spitzen Füße der Barbie, die nicht auf dem Boden stehen und nur Stöckelschuhe tragen können. Deshalb hat sich meine Tochter schließlich mit einer anderen Puppenfigur zufrieden gegeben. Ähnlich wie Barbie ist sie hübsch, hellblond und schlank, aber immerhin hat sie normale Füße und weder einen unnatürlichen Busen noch eine Wespentaille. Habe ich mich richtig oder falsch verhalten? Wie entscheidet sich eine gute Mutter?

Mehr als Rezepte nützen uns auch hier Überlegungen. Was möchte ein Mädchen mit seiner Puppe für Wünsche und Ideale verwirklichen? Welche Puppe möchten Eltern ihrer Tochter schenken? Welche Ideale hoffen sie in ihrer Tochter anzuregen, welche Träume wollen sie ihr erlauben? Welchen Wunschtraum repräsentiert die allgegenwärtige Barbie? Sehen wir sie uns an. Barbie entzieht ihre Füße dem Boden der Realität, sie schwebt sozusagen in einer modernen Märchenwelt. Sie ist Prinzessin, Königin und gleichzeitig eine moderne, blonde, blauäugige und langbeinige Dame. Je nach Wunsch lebt sie in einem rosa Haus im Glitzerluxus, in einer kitschigen nordamerikanischen Glamour-Wunschwelt oder wird zur modernen emanzipierten Journalistin, Astronautin oder Aerobikinstruktorin. Die Barbiepuppe feiert demnächst ihren vierzigsten Geburtstag, und es werden offenbar pro Jahr 120 Millionen dieser Puppen verkauft, d.h. eine alle zwei Sekunden (AMICA 24, Juni 1997).

Ken, ihr männlicher Gefährte, ist ein muskulöser Held, der sich kraftvoll und sportlich derselben Luxus- und

Traumwelt anpaßt und diese mitträgt. Im Spiel mit Barbie und Ken oder anderen Prinz- und Prinzessinpuppen kann das Kind Phantasien unterschiedlichster Art ausleben: Es kann Zukunftsträume entwickeln, ödipale Wünsche im Spiel verwirklichen usw.

Kritische Eltern können angesichts des reichen Angebots an Traumpuppen immerhin doch eine persönliche Wahl treffen. Und da Kinder immer besonders mögen, was den Eltern nicht gefällt, können sie von verständnisvollen Großeltern und Freunden die Geschenke erwarten, die ihnen die Eltern verweigern.

Eine andere Art von besonders bei Jungen beliebten Puppen sind Roboterpuppen, die oft Helden aus japanischen Trickfilmen nachahmen. Die eigentliche Puppe, das menschliche Abbild, verfügt über ein Roboterkleid, eine Roboterschale, die in Situationen der Gefahr und des Kampfes technisch/magisch übergestülpt oder herausgelassen werden kann. Solche Puppen befriedigen das Bedürfnis, nicht überwältigt zu werden und verwirklichen das Wunschideal eines magisch-kämpferischen, unbesiegbaren Heldentums, von dem wir noch im Kapitel über kämpferische Spiele hören werden.

Im Puppenhaus

Das Puppenhaus hat Tradition. Im 17. Jahrhundert fertigten Liebhaber von Puppenhäusern getreue Abbilder und Modelle des typischen und idealen bürgerlichen Heimes. Diese sind zu historischen Zeugnissen geworden und können in Museen bewundert werden.

Im Jahre 1631 vollendete die kinderlose Anna Köferlin ein Puppenhaus – das „Kinder Haus", an dem sie jahrelang mit Hingabe gearbeitet hatte – und stellte es in Nürnberg, von holprigen Knittelversen begleitet, zur allgemeinen Besichtigung aus:

Darum, Ihr lieben Kinderlein
beschaut alles gar eben,
wie alles ist geordnet fein,
Soll Euch gute Lehre geben,
daß wann Ihr dermaleins zu Haus
kommt, Gott Euch tut geben
eignen Herd, daß Ihr's voraus
bei all Eurem Leib und Leben
ordentlich und nach der Gebühr
in Eurem Haushalten
richtet und ordnet ...
(Leonie von Wilckens, 1956)

Es ist faszinierend zu sehen, wie in solchen Puppenhäusern alle häuslichen Gegenstände in Miniatur bis in die kleinsten Details nachgebildet sind, vom Kachelofen zum Zinnteller, vom bestickten Leintuch zu den Spielkarten, vom Gobelinsessel zum Blasbalg und vom Pferdesattel zum Spinnrad und anderen Werkzeugen.

In den Augen der Erwachsenen waren die Kinder damals aber nichts anderes als deren unfertige Ebenbilder, die gebildet und geformt werden mußten. Täglich sollte ihnen das Ziel des Erwachsenseins vor Augen geführt werden. Deshalb sind diese historischen Puppenhäuser kein eigentliches Spielzeug. Gedrängt vereinen sie in sich Bilder des Notwendigen und Wünschenswerten.

Auch das wunderschöne Puppenhaus, das unser Großvater mit Liebe und viel Sinn fürs Detail in der Freizeit für seine Enkel gebastelt hatte, holte unsere Großmutter nur an besonderen Tagen hervor. Wir wurden dazu angehalten, mit Respekt und Sorgfalt damit zu spielen.

Das ist heute nicht mehr so – ein Vorteil der Konsumgesellschaft. Spielzeug ist zum Spielen da und soll das Kind nicht zu Respekt- und Dankbarkeitsdemonstrationen gegenüber Erwachsenen verpflichten. Gerade das Puppenhaus ist ein für die kindliche Psyche besonders vielfältiges Ausdrucksmittel. Mit seinem Puppenhaus ist das Kind Herr über ein eigenes Heim. Mit der Bedeutung des Hauses haben wir uns schon eingehend befaßt. Im Puppenhaus wohnt man aber nicht selbst, wie zum Beispiel in einer Spielhütte, sondern man hat verschiedene Puppenfiguren zu Verfügung, mit denen in verschiedenen Räumen Leben inszeniert wird.

Das Puppenhaus wird meist von einer ganzen Familie bewohnt. Da gibt es Kinderpuppen verschiedenen Alters, Vaterpuppen, Mutterpuppen, Großelternpuppen. Je nach Wunsch und Bedarf kann eine Familie zusammengestellt werden. Das Spiel im Puppenhaus eignet sich deshalb besonders zum Darstellen und Bearbeiten von Erlebnissen, Wünschen und Ängsten familiären Ursprungs.

Sabine wählt in ihrem oben erwähnten Spiel nur Kleinkinder und Babies. Wir haben gesehen, wie sie anhand dieser Püppchen verschiedene kleinkindliche Bedürfnisse zum Ausdruck bringt und danach im dramatisierenden „Als – ob" Baby spielt und aus der Flasche trinkt. Die kinderreiche Familie im Puppenhaus kann aber auch in bezug auf Sabines aktuelles Familienleben gesehen werden. Sabine hat nur eine um einige Jahre ältere Schwester. In ihrem Spiel wird der Wunsch nach einer großen Kinderschar sichtbar. In der Realität ist Sabine meist allein und hat keine Spielkameraden.

In der Phase, bevor sie Hexenelixier und Schönheitsmittel braut, benutzt auch Käthe das Puppenhaus, um ihre kindlichen Bedürfnisse sichtbar zu machen. In ihrem Fall geht es um die Darstellung ihres Rechts, selbst Kind unter Kindern zu sein und spielen zu dürfen. Mit Geschick bastelt sie für den Kinderspielplatz vor dem Puppenhaus einen Minisandkasten, und ich muß derweilen eine Schaukel herstellen. Nun können sich die Kindergarten- und Schulkinder der Puppenfamilie endlich im altersgemäßen Spiel vergnügen und erholen. Ich freue mich besonders über Käthes Bastelspiel im Puppenhaus, hat sie doch zuvor über mehrere Monate alle möglichen Geschichten erfunden und spielerisch dargestellt, die eigentlich nichts mit ihr selbst zu tun hatten. Im Spiel veranstalte Käthe verzweifelte Rettungsversuche für die zerrüttete Ehe ihrer Eltern. In den Geschichten ging es um Diebe, die einen Schatz gestohlen hatten und nun verurteilt werden mußten, um heldenhafte Soldaten, die ausziehen, um den Schatz zu suchen, um Krieg zwischen zwei Ländern und bald nur noch um die Verarztung von Verletzten im Krankenhaus. Gleichzeitig war sie aber nicht mehr fähig, sich in der Schule zu konzentrieren, denn all ihre Energien waren auf die Lösung des Familiendramas konzentriert. Vor diesem Hintergrund sind die kreativen Basteleien von Käthe als Zuwendung zu den eigenen kindlichen Bedürfnissen von Erholung und spielerischer Kreativität zu verstehen.

Später wird Käthes Spiel erneut von ihrem Wunsch geleitet, es möge doch wieder Harmonie in ihre Familie zurückkehren. Sie putzt und ordnet liebevoll das Puppenhaus und schmückt es festlich mit Girlanden. Die Vater- und Mutterpuppe werden zuerst nebeneinander aufs Sofa gesetzt und dann ins Bett gelegt. Käthe vertraut mir an, die Eltern müßten noch einmal heiraten, damit ein neues Kindlein auf die Welt komme. In der nächsten Stunde stellt sie mit Sandspielfiguren aber auch ihre Ahnung über die Ausweglosigkeit des elterlichen Konflikts dar: Ein winziges Brautpaar steckt in einem dunklen Wald im tiefen Schnee.

Erlebnisse von Zwist, Uneinigkeit und Unordnung in der Familie werden direkt dargestellt oder wie von Käthe im Spiel zu kompensieren versucht. Ein anderes Mädchen im gleichen Alter versucht ähnliche Besorgnisse zu überwinden, indem sie die Möbel im Puppenhaus neu ordnet und in Reih und Glied in die Zimmer stellt. Das heißt soviel wie: Es muß Ordnung herrschen im Haushalt, ich brauche Ordnung in meiner Familie, um mich sicher zu fühlen, in der Schule aufpassen und abends ruhig einschlafen zu können. In der Realität steht dieses Mädchen jeden Abend unzählige Male wieder aus dem Bett auf, um zu kontrollieren, ob ihre Eltern noch da sind.

Ein Platz in einem zuverlässig funktionierenden Beziehungsnetz ermöglicht es dem Kind, seinen Aktionskreis außerhalb dieses Netzes zu erweitern. Da es aber in jeder Familie Probleme gibt, entstehen immer wieder Gefühle der Verunsicherung. Deshalb werden im Puppenhaus oft ganz normale Tagesabläufe oder Sequenzen davon in Szene gesetzt. Neben der räumlichen wird auch die zeitliche Ordnung dargestellt: Es ist Morgen, ein Familienmitglied nach dem anderen steht auf, geht zur Toilette und steigt die Treppe herunter; die Mutter macht Frühstück, alle bekommen etwas zu essen, der Vater geht zur Arbeit, die Kinder gehen zur Schule. Oder: Es ist Abend, ein Kind nach dem anderen wird gewaschen, zu Bett gebracht, und so weiter. Das Gefühl von Sicherheit und familiärer Harmonie entsteht im Spiel, wenn jedes Familienmitglied seinen Platz und seine Funktion hat. Oft werden diesem die tägliche Realität spiegelnden Spiel wünschenswerte Elemente beigefügt, wie fehlende Geschwister oder Elternteile. Oder aber die Bewohner feiern Feste, planen Ferien und erleben Abenteuer.

Im Puppenhaus werden also Bedürfnisse nach zuverlässiger familiärer Ordnung, Wunschvorstellungen, Hoffnungen sowie negative Erlebnisse und Befürchtungen dargestellt. Auch kann ein Kind versuchen, erlebte oder befürchtete Verluste von Familienmitgliedern zu verarbeiten.

Der fünfjährige Samuel spielt immer wieder ein sehr trauriges Spiel. Während die Puppenmutter am Tisch sitzt und ihr kleines Kind füttert, stirbt sie plötzlich. Der kleine Bub schreit, ruft, möchte sie wecken. Samuel sucht in seinem Spiel immer wieder nach einem Ausweg aus dieser trostlosen Situation: Die Mutter war nicht tot, sie war nur ohnmächtig und wacht nach langem Rufen endlich wieder auf. Der Arzt wird gerufen und die Mutter ins Spital gebracht. Sie wacht nicht mehr auf, und in großer Trauer findet die Beerdigung statt.

Samuel stellt mit seinem Spiel zurückliegende Erlebnisse dar, die auch heute noch das Abschiednehmen von seiner Mutter beeinflussen. Er leidet unter Phobien und Trennungsängsten, mit denen er die Eltern überfordert. Schon als Baby war er besonders empfindlich und beanspruchte seine Mutter sehr. Der Vater, eigentlich noch nicht für die Vaterschaft bereit, fühlte sich auf die Seite geschoben. Wenn Samuel abends weinte, wurde er deswegen einfach weggestellt. Jetzt wollte der Mann die Frau endlich wieder für sich, und sie wagte aus Schuldgefühlen nicht, sich ihm zu widersetzen. Daß dies im Erlebnis eines kleinen Kindes die Vorstellung einer plötzlich toten Mutter weckt, ist einfühlbar.

Aber auch Wut- und Rachegefühle in bezug auf die Familiensituation können im Puppenhaus ihren Ausdruck finden. Ich möchte hier an den kleinen Dreijährigen erinnern, der bei seiner energischen Mutter mit seiner ängstlichen, sensiblen und unruhigen Wesensart wenig Verständnis findet, von ihr überfordert wird und sich vor Dinosaurierabbildungen versteckt oder im Spiel Flugzeuge abstürzen läßt. Ein Jahr später spielt auch er recht aufgeregt im Puppenhaus und steckt unter anderem die Mutterfigur kopfüber in die Puppenhaustoilette.

Zu Samuels gestörtem Verhalten gehören nicht nur Trennungsängste. Regelmäßig hat er zerstörerische Wutanfälle. Wenn die Mutter ihn nachmittags im Kindergarten abholt, schmeißt er die Stühle um und wirft alle Spielsachen durcheinander. Für ihn ist es besonders wichtig, eine Art und Weise zu finden, um solche zerstörerischen Gefühle im Spiel darzustellen und nicht mehr ausagieren zu müssen. Er liefe sonst Gefahr, für seine Umgebung immer mehr zum bösen und schwachsinnigen Jungen zu werden. Über mehrere Wochen wird das Puppenhaus im Therapieraum zum unnützen, schlechten Haus. Wütend werden die Möbel rausgeschmissen. Nicht immer gelingt es mir, die Regel der Nichtbeschädigung aufrecht zu erhalten, und wir müssen später Zeit für Reparaturen opfern. Dann wird das Haus abmontiert und Stück für Stück in den Keller getragen. Das Haus ist negativ besetzt und soll verschwinden. Nun wird ein neues gebaut, ein paar gestapelte Kisten werden zu neuen Zimmern in einer neuen Wohnung. Samuel lädt die Möbel auf einen Lastwagen, und die Familie zieht um.

Mit dem Umziehen in ein neues Haus stellt Samuel eindrücklich dar, daß er eine neue familiäre Beziehungsordnung, eine neue Qualität des Zusammenwohnens erarbeiten möchte. Mit einem Umzug, einem Wohnungswechsel stellen Kinder oft das Bedürfnis nach einem radikalen Wandel ihres familiären Beziehungsnetzes dar.

Kinder mit zerstörerischen Wutanfällen wie Samuel erfahren öfter Strafe und Schuldgefühle. Diese wecken den Wunsch nach Wiedergutmachung. Es ist rührend zu sehen, wie Samuel zwei Jahre später unbedingt alle möglichen Möbel für das Puppenhaus basteln will: einen runden Tisch, Stühle mit „Wienergeflecht", ein Radio, ein Kamin und anderes mehr. Natürlich findet er meine Unterstützung, auch verschafft er sich bei seinen Eltern Anerkennung und Lob. Eine positive Alternative zur üblichen Kritik und Schelte.

Ein Puppenhaus ist für viele Kinder im Schulalter immer wieder eine geeignete Spielszene und deswegen ein unerschöpfliches Thema.

Hier noch ein letztes Beispiel: Der siebenjährige Peter spielt im Puppenhaus anders als Samuel oder Käthe. Er spielt vor allem mit männlichen Figuren und stellt persönliche Ängste und Hoffnungen in bezug auf seine Eigenständigkeit innerhalb der Familie dar. Auch sucht er nach Unterstützung bei seinen mutigen Taten. Seine Jungenpuppe nennt er Superboy. Immer wieder stapelt Peter Schränke und Tische vor die Türöffnung des Kinderzimmers, der böse Mann habe Superboy eingesperrt. Jedesmal muß sich Superboy mit Faustschlägen befreien, und ich muß ihm mit einer zweiten Jungenpuppe, einem zweiten Superboy, zu Hilfe kommen. Wie schon in seinem Fesselspiel geht es Peter vor allem um Befreiung aus der Enge des Kinderzimmers, aus der Enge elterlichen Befürchtungen. Dazu identifiziert er sich nicht nur mit magischen kindlichen Helden aus dem Fernsehen, sondern braucht auch gleichaltrige Freunde, mit denen er sich gegenseitig Mut machen kann im heldenhaften Kampf um die Unabhängigkeit.

Es stellt sich uns hier die Frage, ob neben Erlebnissen von Familienzwist, neben Befürchtungen von Elternverlust, neben Trennungsängsten und Bemühungen um Autonomie auch Erlebnisse von sexuellem Mißbrauch durch Familienangehörige im Puppenhaus zur Darstellung kommen.

Wiederholter sexueller Mißbrauch durch Verwandte, vor allem durch Väter, wird vom Mißbraucher geleugnet und meist mit lebensgefährdenden Drohungen dem Kind als nicht geschehen erklärt und unerzählbar gemacht. So bleibt der Mißbrauch den Augen der Mitmenschen verborgen. Um weiterleben zu können, spaltet die kindliche Psyche das innere Bild des geliebten und mißbrauchenden Vaters in zwei gegensätzliche Bilder. Das positive Vaterbild wird aufrechterhalten und gerettet, und das Bild des mißbrauchenden, erschreckend und unverständlich erregten, oft auch gewalttätigen Vaters wird verleugnet und vergessen. Die traumatisierte Psyche manifestiert sich oft durch Körpersymptome und durch Verhaltensstörungen. Das Kind fühlt sich zum Beispiel immer wieder dazu gezwungen, an anderen Kindern die erlebten sexualisierten Gesten zu wiederholen.

Es eignen sich die realen Eltern gleichenden Puppenfiguren deshalb auch wenig zur spontanen Darstellung eines so extrem ambivalenten Erlebnisses. In meiner Erfahrung wählt das Kind dazu eher Tier- oder Märchenfiguren. Dem Erlebnis wird indirekt und symbolisch Ausdruck verliehen, ohne die eigentliche Tatsache zu verraten. Die beiden Seiten des Vaterbildes werden im Spiel zum Beispiel wie im Märchen einem guten heldenhaften Prinzen und einem bösen Gewalttäter zugeteilt. Oder das Erlebnis der Überwältigung wird dadurch dargestellt, daß die Prinzessin vom Haifisch oder vom Krokodil verfolgt und aufgefressen wird. Das Erlebnis der sexuellen Erregung kann durch wirbelsturmartiges Getöse und der Samenerguß durch wiederholtes Verschmutzen und Waschen von Kleintieren oder anderen Spielfiguren dargestellt werden. Auch in Zeichnungen wird das Geschehen durch symbolische Darstellungen und Kritzeleien verfremdet.

Nur in einer geduldig aufgebauten Vertrauensbeziehung kann ein betroffenes Kind seinen schrecklichen und von extrem ambivalenten Gefühlen dominierten Erlebnissen einen spielerischen oder zeichnerischen Ausdruck verleihen. Nur in einer geschützten Beziehungssituation ist es sinnvoll, auch menschenähnliche und anatomische Puppen zur Darstellung von Mißbrauchserlebnissen anzubieten.

Erst wenn das Kind sich nicht nur äußerlich geschützt weiß, sondern auch in sich die Fähigkeit entdeckt, aktiv Stellung zu nehmen und sich zu wehren, wird es sein Erlebnis als tatsächliches anerkennen. Auch dies kann vorerst im Spiel möglich werden, ist aber eine schwere und schmerzliche Erfahrung. Wenn entdeckt wird, daß der gewalttätige Bösewicht den Prinzen verführt hat und die beiden gemeinsame Untaten vollbringen, kann auch der Prinz nicht mehr bewundert und geliebt werden.

Dieses Thema ist in unserem Zusammenhang aber nicht weiter zu verfolgen. Es sind dazu in den letzten Jahren viele interessante Publikationen erschienen, auf die ich im Anhang verweisen möchte.

Das Puppentheater

Die Handpuppen, Marionetten oder Kasperle sind ganz besondere Puppen, und ihre Welt ist eine außergewöhnliche. Sie haben keine Ähnlichkeit mit reellen Kindern oder mit richtigen Familienangehörigen. Dies gilt allgemein für die

Figuren im Puppentheater. Im vorliegenden Kontext geht es uns aber ausschließlich um Handpuppen, die vom Kind gehandhabt werden können und nicht um an Fäden geführte künstlerische Puppen, die wir im Theater bewundern. Die Bezeichnungen Handpuppe, Marionette und Kasperfigur werden hier als Synonyme gebraucht.

Die Marionetten im Puppentheater sind unverkennbare Phantasiewesen. Heute gibt es auf dem Markt alle möglichen Handpuppenfiguren, aber auch die klassischen Figuren haben überlebt. Da gibt es die Hexe, den Teufel, den König und die Königin, Prinz und Prinzessin, das Krokodil, den Zauberer, den Polizist und natürlich den Kasper. Auch moderne Puppen sind typische Persönlichkeiten aus der Welt der Phantasie: Da finden wir einen Piraten, einen Bandit, einen Papagei, ein rosa Äffchen, ein blondes Mädchen mit einer riesigen Schleife auf dem Kopf und das unentbehrliche Krokodil. In Haushaltgeschäften gibt es allerlei Topflappen in Tierform, die sich auch für das Puppentheater bestens eignen: Tiger, Haifisch, Elefant, Frosch, Kuh, Hund und Katze usw.

All diese Puppentheaterfiguren haben einen ganz bestimmten, klar definierten Charakter. Sie gleichen den Figuren in Märchen und Legenden, haben eine vorbestimmte Funktion und eine typische Handlungsweise. Sie sind archetypisch. Der Kasper würde sich nie wie der Teufel verhalten, die Prinzessin nie wie die Hexe, der Kasper nie wie der Polizist und der Hund nicht wie ein Haifisch.

Fragen wir uns deshalb hier kurz, wie sich die typischen Hauptdarsteller im Puppentheater definieren würden:

DIE HEXE: Ich bin böse und hinterlistig, ich fange meine Opfer, um sie aufzufressen oder zu vergiften.

DER TEUFEL: Ich zerstöre alles Gute, ich verführe zum Bösen und bringe alle in die Hölle.

DER KÖNIG: Ich bin weise, herrsche und befehle über das ganze Land.

Die Königin: Ich bin Herrscherin und Gemahlin des Königs.

Der Prinz: Ich bin der Königssohn, bin schön und mutig.

Die Prinzessin: Ich bin die Königstochter, bin anmutig und lasse mich erobern und erlösen.

Der Kasper: Ich bin der kindliche Held, lustig und schlau.

Der Polizist: Ich verteile Strafen, bin aber ein bißchen dumm.

Der Zauberer: Ich habe magische Kräfte und kann gut und böse sein.

Das Krokodil: Ich bin gierig und fresse jeden auf.

Der Leser kann sich hier nach Lust und Laune selber vergnügen und die Liste verlängern. Märchenbücher und Legenden sowie Bücher über Märchen und Legenden können dabei hilfreich sein.

Diese typischen Puppenfiguren sind auf dem nordeuropäischen patriarchalen Gesellschaftshintergrund der letzten Jahrhunderte entstanden und beeinflussen auch unsere heutige Psyche, unsere Phantasiewelt. Als Verhaltensmodelle taugen sie natürlich nicht mehr, und als Ideale können wir sie mit den Kindern hinterfragen und kritisieren. Wenn wir sie hier aber unserem Thema getreu als innerpsychische Figuren, als Teilaspekte, als Tendenzen der kindlichen Psyche betrachten, entdecken wir im Puppentheater ein besonders geeignetes Ausdrucksmittel für allgemeinmenschliche Konflikte.

Als Zuschauer wird das Kind sich immer mit dem Held, mit Kasper, mit dem Prinz oder mit der Prinzessin identifizieren. Es will durch deren mutigen, schlauen, geduldigen Kampf im eigenen Streben nach heldischer Selbstbestätigung gegen beängstigende äußere und innere Feinde unterstützt werden. Auch wird es in eigenen Geschichten immer einen Sieg seiner bevorzugten Helden anstreben. Das spontane aktive Spiel im Puppentheater erlaubt es dem Kind aber auch, anhand von bösen Schattenfiguren typisch menschlichen Triebregungen und Gefühlen Form zu geben, die außerhalb des Theaters als negativ, zerstörerisch und verboten erlebt und gewertet werden.

Wieder möchte ich einige Beispiele anführen und dazu anregen, eigene Erinnerungen und Beobachtungen zu hinterfragen.

Wenn ich mit eigenen kindlichen Erinnerungen beginne, kommen mir kaputte Nasen an Kasperfiguren in den Sinn. War es die des Zauberers, des Teufels oder des Kaspers? Oder mehr als eine? Ich weiß es nicht mehr genau. Unsere Kasperle waren aus Pappmaché hergestellt, und die beschädigten und geflickten Nasen zeugten von Schlägereien. In unserem spontanen Kaspertheater haben sich demnach der Teufel, der Zauberer und der Kasper des öfteren verhauen. Dies war der Preis für eine einigermaßen friedliche Atmosphäre unter uns sechs Geschwistern.

Kasperpuppen können sich – ohne daß es jemandem weh täte, wunderbar verhauen. Teufel, Hexe oder Krokodil können ohne Gewissensbisse maltraitiert, geschlagen und getötet werden. Sie sind böse, und ihnen geschieht, was sie verdienen. Sind die Köpfe der Figuren aus hartem Holz, macht es auch noch Krach. Haß und gewalttätige Wut aus Neid, Eifersucht oder aus dem Gefühl der Ungerechtigkeit heraus, finden so ein Ventil.

Wenn Erwachsene durch das Spiel aufmerksam gemacht werden, können sie nach den Ursachen forschen und diese entschärfen.

Miterlebte elterliche Gewaltszenen können mit den Handpuppen nachvollzogen werden. Wenn im Puppentheater ein wildes Tier, ein Monster ein Mädchen verhaut und erschlägt und wenn darauf das Monster vom Teufel in die Hölle geholt wird, können wir uns fragen, was das zu bedeuten hat. Handelt es sich um die monströse Gewalttätigkeit des kindlichen Spielers, der diese selbst bestraft und in die Hölle verbannt, oder handelt es sich um Gewaltausbrüche, denen er beigewohnt hat und die er im Spiel bestraft. Wenn in einer anderen Szene Ehegatten erscheinen, die sich zuerst küssen, dann streiten und in der diesmal die Frau den Mann schlägt und zum Weinen bringt, handelt es sich sehr wahrscheinlich um einen Verarbeitungsversuch von Gewaltszenen zwischen den Eltern.

Das Krokodil und andere wilde Tiere mit großen Mäulern eignen sich besonders zur Darstellung des Auffressens, des Einverleibens. Mit diesen Figuren werden deshalb oft archaische orale Triebe und Ängste ausgedrückt.

Der fünfjährige Willi greift mich mit der Schlange auch persönlich an, beißt mich und schreit: „Du gehörst mir!" Er offenbart damit ein primitives, ausschließliches In-Besitz-Nehmen-Wollen, das eigentlich seiner Mutter gilt. Er ist schrecklich eifersüchtig, hat Angst, sie zu verlieren und möchte sie wie als Säugling an ihrer Brust wieder ganz für sich haben, sie sich einverleiben.

In den ersten Lebensmonaten hat auch die Gefahr, überwältigt zu werden, einen oralen Charakter. Bettina kann heute in Worten ausdrücken, daß sie als Baby Angst hatte, von ihrem Arzt und Chirurgen aufgefressen zu werden. Wenn sie mir dies mitteilt, fügt sie aber jedesmal gleich hinzu: „Er frißt mich aber nicht, *ich* fresse ihn!" In regelmäßigen Abständen holt sie während ihrer Stunden die Katzenhandpuppe hervor, der wir die Zähne mit weißer Kreide auffrischen müssen. So kann sie beißen und sich verteidigen. Ein Kind kann einer Angst erst dann bewußt in die Augen schauen, wenn es fähig ist, schützende Kräfte, Verteidigungsstrategien in sich zu aktivieren.

Leider gibt es aber Kinder, die schreckliche Erlebnisse der Überwältigung nicht mitteilen können, da sie unter Schweigegebot stehen. So krächzt die Papageifigur auf der Hand eines kleinen Mädchens immer nur aus ihrem Versteck hervor. Das Kind möchte etwas mitteilen, schafft es aber nicht. Der sexuelle Mißbrauch ist ein Erlebnis des psycho-physischen Aufgefressenwerdens, der totalen Mißachtung der kindlichen Persönlichkeit.

Nun können aber die Marionetten mit ihren typischen Verhaltensweisen nicht nur einzeln zur Darstellung von primitiven Bedürfnissen und Erlebnissen benützt werden, sie können auch untereinander Beziehung aufnehmen und Konflikte austragen. Einzelne Figuren streiten vielleicht miteinander, kämpfen oder unterstützen sich gegenseitig. Einem Kasper, der von einem Bösewicht bedroht wird, kann ein schlaues Tier oder gar die verliebte Prinzessin zu Hilfe eilen. Im Puppentheater läßt das Kind aus der Interaktion der Figuren Geschichten entstehen, die für das kindliche Entwicklungsstadium typisch sind. Sie werden jedoch individuell gestaltet und dienen der Lösung persönlicher Probleme.

Ruth, die zu Beginn ihrer Therapie im Spiel ihr verlorenes Selbstwertgefühl durch das erfolgreiche Bewachen oder durch das Stehlen eines Banktresors wiedererobern mußte, steht im zweiten Jahr ihrer Therapie und einige Monate vor deren Abschluß. Ihre Beziehungen innerhalb und außerhalb der Familie haben sich verbessert, und in ihrem Kasperspiel sucht sie nun nach positiven Erfahrungen, die ihr bestätigen, daß sie ihren Selbstwert verteidigen kann, daß sie fähig ist, zu unterscheiden, was gut oder schlecht für sie ist, daß sie sich gegen Feinde mit Intelligenz und Schlauheit zu wehren weiß, daß sie innerliche Konflikte und äußerliche Probleme individuell und ihrem Alter gemäß meistern kann usw.

Über etwa zehn Stunden wird unter anderem Puppentheater gespielt. Oft schlägt sie mir vor, ich solle ihr eine Theatervorstellung geben. Kaum lasse ich aber den Papagei erzählen, man habe ihm seine goldene Feder gestohlen, bringt sich Ruth selbst in Aktion. Sie entlarvt sofort den Piraten als Dieb und sperrt ihn ein. Leider hat der Räuber aber die goldene Feder verloren, das Krokodil habe sie verschluckt. So muß das böse Tier vom Freund Affe mit Hilfe von Bananen in die Falle gelockt, festgenommen und gefesselt werden. Dann wird der Fund des wertvollen Federschmucks mit einem Fest gefeiert.

Zu Beginn der zweiten Theatervorstellung ruft Ruth gleich ihre „Bande" zusammen. Zu Papagei und Äffchen haben sich als Freunde der Wurm Zick-Zack, der Pirat und das Krokodil gesellt. Sie werden von nun an zusammenhalten. Diesmal ist der Freund Pirat geraubt worden. Die Bande organisiert sich, Ruth holt Seile, Stöcke und einen Hammer. Dann fabriziert sie ein Fernrohr, hält Ausschau und entdeckt „die grünen Männer". Sie hat eine Idee: Sie wird sich selbst als Frau verkleiden; wie Jessica Rabbit aus dem Roger-Rabbit-Film will sie die auf Brüste fixierten Männern mit ihrem Anblick in Bann ziehen. Dies gelingt, die „grünen Männer" schauen wie erstarrt auf die Brüste, sie werden von der Bande blockiert, gefesselt und geknebelt, und der Pirat wird befreit. Mit Leckerbissen und Torten wird diesmal der Sieg gefeiert. In den folgenden Abenteuern muß einer der Freunde in den Bergen gerettet werden, gegen die Wölfe zündet sich die Bande ein Feuer an, sie baut sich eine Hütte, und bald wird gar ein Schiff für die ganze Gesellschaft gebastelt.

Inzwischen ist Ruth eine fleißige Erstkläßlerin geworden. Die Fünferbande fährt in den Wald zum Picknick, alle essen sich satt, sie möchten am liebsten hier übernachten und nicht in die Schule gehen. Ruth flüstert mir aber rasch zu: „nicht in Wirklichkeit!" und lädt auch die Lehrerin, „die nicht schimpft", zum Picknick ein. In späteren Abenteuern verkleiden sich die Strolche, um sich vor der Mutter zu verstecken, oder sie trainieren als Fußballmannschaft und verdienen Geld.

Es ist vergnüglich zu sehen, wie Ruth ihre kindliche Intelligenz aktiviert, wie sie die typischen, zum Teil von mir gestellten Probleme persönlich gestaltet und wie sie mit Hilfe der Fünferbande Lösungen erarbeitet. Wir können die Bedeutung der Helferfiguren in Ruths „Psychodrama" besser verstehen, wenn wir hinterfragen, welche Qualitäten ihnen Ruth zuschreibt. Der Papagei ist Besitzer der wertvollen Feder, kann aber auch fliegen und holt Informationen ein. Der Affe ist lustig und schlau, der Wurm ist klein, hat aber ein schützendes Hütchen und kann sich leicht verstecken und unsichtbar machen. Der Pirat hat Erfahrung mit Gefahr und weiß das Schiff zu steuern. Auch macht ihn das Fernrohr weitsichtig. Das Krokodil dagegen kann mit seinem aufgesperrten Maul den Feinden ganz schön Angst machen.

Die hilfreichen Tiere, die Ruth ausgewählt und mit Eigenschaften und Funktionen ausgestattet hat, stehen für ihre eigenen Fähigkeiten, für Aspekte ihres eigenen Ich, die sie zusammenarbeiten, siegen und am Ende jedes Abenteuers feiern läßt. Die errungenen Siege sind zum Teil von Wunschvorstellungen geleitet, aber Ruths phantasiereiche Unternehmungslust und ihr zunehmender Mut machen mich optimistisch. Die Deutung der einzelnen Abenteuer überlasse ich der je eigenen Phantasie.

Die typischen und archetypischen Figuren des Puppentheaters sind aber nicht nur für kleine Kinder ein interessantes Ausdrucksmittel. Wir werden hier einen Jungen zu Beginn der Pubertät in seinem individuellen, mit großer Sorgfalt organisierten Puppentheater begleiten. Die Pubertät ist als Krisenzeit bekannt. Der Verlust der Kindheit bringt die Gefahr der Identitätsdiffusion mit sich und kann sich pathologisch in regressiven und psychotischen Krisen, Angstzuständen oder Magersucht äußern. Im Spiel von Theo geht es um die Darstellung eines Initiationsprozesses, in dem das Ich in der Einsamkeit großen Gefahren ausgesetzt wird, Todesängste überleben, neugeboren werden und Prüfungen bestehen muß. Erst dann wird es endlich in die Gemeinschaft der Erwachsenen aufgenommen.

Theo besucht die zweite Klasse der Sekundarstufe und lebt allein mit seiner Mutter. Er ist überängstlich, hat Angst vor dem Dunkeln, Angst vor dem tiefen Wasser und leidet unter Alpträumen. Bei schriftlichen Schularbeiten verliert er nach wenigen Minuten die Kontrolle, seine Schrift wird unleserlich und er macht Fehler. Sein großgewachsener Körper steht im Widerspruch zu seiner hohen feinen Stimme. Nach jeder Tätigkeit mimt er Atemnot und beklagt sich über steife Beine.

Zu Beginn der achten Therapiestunde stöhnt Theo beim Eintreten leise: „Hilfe!" Er erzählt, wie er letzten Sommer beim Schwimmen unterging und ein Freund ihn retten mußte. Dann entdeckt er die Handpuppen und entwickelt über zwei Therapiestunden ein dramatisches Geschehen. Er stülpt sich eine Figur über die Hand und läßt sie sich in eigenartigen Gesten winden. Ich muß erraten, daß der Protagonist stumm ist, weil er verzaubert wurde. Es entsteht eine Geschichte in vier Szenen. Mit ernstem Eifer bereitet Theo die einzelnen Szenen jeweils in allen Details vor.

Szene: Der Stumme und sein Freund müssen einen tiefen Wald voll Schlangen und Drachen durchqueren, um zum Haus des Zauberers und der Hexe zu kommen. Zauberer und Hexe sind aber nicht die richtigen. Sie geben dem Held jedoch die Prüfung auf, die ihn befreien wird: Er muß den echten Zauberer und die echte Hexe töten. Dazu muß er einen uralten Kopf finden, der unter einer babylonischen Pyramide in einem Sarkophag versteckt liegt.

Szene: Ein See muß überquert werden. Der Stumme wird vom Krokodilmonster angegriffen, er bekämpft und tötet es. Dann muß er eine Bergkette überqueren, um endlich die Pyramide zu erreichen. Hier wird der Held vom Wächter, einem Tigermonster, bedroht. Dieses ist so stark, daß es nicht getötet werden kann. Es gelingt dem Held aber, es mit Steinen in Schach zu halten.

Szene: Der Held findet den Eingang zu Pyramide, steigt in die Tiefe, findet den Sarkophag und daneben eine mit Schätzen gefüllte Amphore und Körbe mit Brot und Früchten. Zitternd nähert er sich, öffnet den Sarg und erschauert beim Anblick des Skeletts. Er ergreift aber mit großem Mut

Aufmerksamkeit eines Reiseonkels erobert werden will. Sie ist Ausdruck einer unbekümmerten Lebenslust und eines unbändigen Bedürfnisses, sich, den Onkel und die Zuschauer in Erstaunen und Entzücken zu versetzen. Das kleine Mädchen erfüllt sich dabei den Wunsch, gesehen, bewundert zu werden und in lustig aufregenden Körperkontakt zu kommen. Sie verschafft sich ein kleines Reiseabenteuer als verführerische kindliche Schauspielerin, „Pas de deux" – Tänzerin und Zirkusakrobatin.

Es sind natürlich nicht alle „Als-ob"-Spiele so verführerisch, aufregend und unbeständig. „Ich wäre jetzt die Mama", „Ich wäre jetzt der Papi", „Du wärst das Baby" sind bekannte Verwandlungsmaximen. Immer wieder und in allen möglichen Varianten werden die Elternrollen erfunden. Es wird „Väterlis und Mütterlis" gespielt, wie wir in der Schweiz sagen. Da wird gekocht, geputzt, gewaschen, der Tisch wird gedeckt, die Kinder werden gefüttert, zu Bett gebracht, spazieren geführt, gelobt, gerügt und bestraft. Es wird gearbeitet, eingekauft, Zeitung gelesen und geraucht. Auch werden Reisen gemacht und Feste gefeiert.

Offensichtlich eignen sich die Kinder mit ihrem Tun mütterliche und väterliche Gesten an. Wenn wir auch hier wieder nach psychologischen Motivationen Ausschau halten, stoßen wir dabei auf den kindlichen Wunsch, selbst groß zu sein. Die Kinder schlüpfen in die Rolle der erwachsenen Eltern und erfüllen sich den Wunsch, wichtig zu sein, entscheiden, bestimmen und befehlen zu können und einen Mann oder eine Frau und Kinder für sich zu haben. Wie schon angedeutet, müssen sich Kinder nach dem dritten Lebensjahr mit der ödipalen Problematik auseinandersetzen. Sie entwickeln den Wunsch, den andersgeschlechtlichen Elternteil ganz für sich zu haben. Der kleine Junge möchte die einzige Liebe seiner Mama sein und möchte sie deshalb heiraten. Die Tochter hat denselben Wunsch ihrem Papa gegenüber. Jedes möchte am liebsten den gleichgeschlechtlichen Elternteil ausboten. Akzeptieren zu müssen, als Kind von der erwachsenen Zweierbeziehung ausgeschlossen, ja manchmal gar der unerwünschte Dritte zu sein, ist schwierig, aber unerläßlich. Eltern, die ihren Kindern den ödipalen Wunsch erfüllen und sie in die Partnerposition versetzen, verbauen ihnen die Möglichkeit, später ein eigenes Beziehungsleben aufzubauen.

Gegengeschlechtliche Liebeswünsche dürfen nur mit Gleichaltrigen in Erfüllung gehen. Deshalb ist den Kindern, welche im Spiel die Vater- oder Mutterrolle übernehmen, die Wahl des Partners nicht gleichgültig. Für die Baby- oder Kinderrolle finden sich meist kleinere oder ängstliche und unsichere Kinder. So wird die kontaktscheue Bettina, als sie es endlich wagt, im Kindergarten an gemeinsamen Spielen teilzunehmen, über längere Zeit als Baby gehegt und gepflegt. Oft wird die Kinderrolle auf Puppen übertragen, und das Vater- und Mutterspiel vermischt sich mit dem Puppenspiel.

Nach dem Motto „Nun wird der Spieß umgedreht", werden den Mitspielern in der Kinderrolle oft eigene Erlebnisse zugefügt. Wer zum Beispiel darunter leidet, oft gerügt zu werden, befielt in der Elternrolle besonders gern und behandelt seine Kinder besonders autoritär. Wie im Puppenspiel spiegeln sich auch im kindlichen Rollenspiel sowohl Erfahrungen der Liebe und Zärtlichkeit als auch der Mißhandlung.

Beim Schule und Lehrer spielen werden ebenfalls Erlebnisse verarbeitet oder Befürchtungen, Erwartungen und Wünsche dargestellt. Die therapeutische Zweierbeziehung bietet den Kindern die Gelegenheit, dem Spielpartner eigene Erlebnisweisen zuzuteilen und über diesen Weg mitfühlen zu lassen. Ähnliche Projektionen werden aber auch im Spiel unter Kindern sichtbar.

Die Zwillingsschwester Gabi spielt über viele Therapiestunden den Lehrer und stellt mich immer wieder vor Aufgaben, die absolut unlösbar sind. Es wird zum Beispiel so schnell diktiert, daß ich unmöglich folgen kann. Ich mache nichts richtig. Zuerst ist meine Schrift zu klein, dann zu groß, und die Blätter werden eingesammelt, bevor die erste Rechnung ganz abgeschrieben ist. Wenn ich protestiere, werde ich entgeistert angeschaut: Eine Schülerin würde nie wagen zu protestieren. So teilt mir Gabi über das Rollenspiel ihre Versagungsängste und ihre Minderwertigkeits- und Ohnmachtsgefühle in der Schule mit. Auch der Wunsch nach Umkehrung der Situation, nach Gerechtigkeit, nach Rache wird in dieser Art Spiel offensichtlich.

Im Alter von acht hat auch Bettina nun seit einiger Zeit Schulerfahrungen. Sie spielt ebenfalls den Lehrer und versetzt mich regelmäßig in die Rolle der Schülerin, die auch die einfachsten Rechnungen nicht löst. Sie schaut mich streng an und korrigiert meine Fehler. Später spielt sie manchmal auch den nicht liebevollen, aber doch hilfreichen Lehrer, der das Resultat korrigiert, ohne zu schimpfen.

Kind sein ist eben auch immer wieder klein sein und noch nicht groß sein, sich anpassen, lernen, gehorchen müssen und an die eigenen Grenzen stoßen. Frühe Erlebnisse der Verunsicherung können ein Kind pessimistisch machen. Es erwartet weitere negative Erfahrungen, Mißerfolge, entwickelt depressive Phantasien und Minderwertigkeitsgefühle. Wenn dies von den Bezugspersonen verstanden wird und die Erfahrung des Angenommen-Werdens, mit allen Ängsten, so wie man ist, wiederholt zum persönlichen Erlebnis wird, kann dies auch im Rollenspiel sichtbar werden.

Therese war zu Beginn ihrer Therapie eine unter ihren Schulkameraden nicht beliebte Außenseiterin. Wir haben sie in ihrer ersten Stunde beobachtet, als sie Türme einstürzen ließ. Ihre Mutter hatte mir erzählt, daß es ihr nicht möglich gewesen war, zu ihrer Tochter im ersten Lebensjahr eine liebevolle Beziehung aufzubauen. Wie freute es mich deshalb nach anderthalb Jahren, im Elterngespräch zu hören, daß Therese mit einem kleinen Nachbarskind oft die liebevolle und umsorgende Mutter spielte. Sie hatte inzwischen für ihre zu kurz gekommenen kleinkindlichen Wünsche bei ihrer Mutter Verständnis gefunden und durfte vor allem abends beim zu Bett gehen einiges nachholen.

So werden auch positive Erlebnisse mit den Eltern, Erziehern und Lehrern im Rollenspiel gespiegelt und die Akzeptanz gegenüber eigenen bedürftigen Seiten und Schwächeren gestärkt.

Ein anderes typisches Rollenspiel im Kindergartenalter ist das Doktorspiel. Dabei kann es sich um die Verarbeitung von Erlebnissen mit Krankheit, Schmerzen oder um die Auseinandersetzung mit der Angst vor Überwältigung durch eindringende Spritzen oder zahnärztliche Instrumente handeln. Wir wissen aber auch, daß sich Kinder in diesem Alter mit der Geschlechtlichkeit auseinandersetzen. Sie sind neugierig, sie wollen wissen, wie die Geschlechtsorgane ihrer Spielkameraden aussehen und wie sie gebaut sind. Gleichzeitig haben sie aber bereits gelernt, daß es in unserer Zivilisation eine persönliche körperliche Intimsphäre gibt, die verborgen gehalten wird.

In diesem Zusammenhang kommt das Doktorspiel gelegen. Als Arzt muß man, um den Kranken behandeln zu können, natürlich dessen ganzen Körper untersuchen. Sind die Neugier und der Wissensdurst befriedigt, werden solche Spiele bald weniger interessant und von anderen abgelöst. Kinder, die sich immer wieder auf dieselbe Art mit den Genitalien oder mit der analen Sphäre andere Kinder beschäftigen oder sexualisierte Gesten vollziehen, teilen dadurch mit, daß sie Ähnliches erlebt haben.

Etwa im selben Alter kommt das Kind in bewußten Kontakt mit den Gegebenheiten von Schwangerschaft und Geburt. Die Phantasien über diese wichtigen Geschehnisse werden von Kindern oft im Spiel dargestellt. Das haben wir bei Freuds „Kleinem Hans" gesehen. In der heutigen Zeit ist das Geburtsgeschehen in den meisten Familien nicht mehr tabu, und das fragende Kind erhält aufklärende Informationen, die ihm erlauben, sein neu erworbenes Wissen über das Wunder der Geburt im Spiel nachzuerleben und zu verarbeiten. Auch Bilderbücher geben dazu kreativen Anstoß. So zeigt zum Beispiel der Deckel meines liebsten, als Comic gestaltetes Aufklärungsbuches „Per, Ida & Minimum" (1977) zwei Geschwister, die Geburt spielen. Auf der Rückseite haben die beiden große Kissen vor den Bauch gebunden und spielen schwangere Frau beim Einkaufen. Auf der Vorderseite wird ein Baby geboren. Die achtjährige Ida sitzt nun an das Kissen gelehnt, ihr kleinerer Bruder ist der Frauenarzt und zieht einen Teddybär zwischen ihren Beinen hervor. Im Vordergrund liegen neugeborene Plüschtiere und Puppenkinder in improvisierten Bettchen, die wie im Krankenhaus mit Nummernschildern gekennzeichnet sind.

Spielt man nun Doktor, Krankenschwester, Vater, Mutter oder andere Wunschrollen, so ist es wichtig, diesen Vorbildern möglichst zu gleichen. Zu diesem Zweck kann man sich die passende Kleidung verschaffen. Besonders die größeren Kinder mit ihrem wachsenden Verlangen nach Realismus brauchen für ihre Verwandlungen die Verkleidung.

Es macht großen Spaß, sich in bekannte und beliebte Personen zu verwandeln, in deren Kleider zu schlüpfen und deren Leben in eigener Regie zu gestalten und es im Zwischenreich der Phantasie selbst zu führen.

Zu diesem Thema habe ich eine Fotografie gefunden, auf der ich mit meinen kleineren Geschwistern herrlich verkleidet „Spanischbrötlibahn" spiele. Zum Eröffnungsjubiläum der ersten Eisenbahnlinie war die altertümliche Spanischbrötlibahn mit ihrer Dampflokomotive samt historisch gekleideter Passagiere in unserem Dorfbahnhof vorgefahren und war zu besichtigen. Diese Bahn und die Menschen aus einer anderen Zeit müssen uns Kinder ungemein beeindruckt haben. Auf dem Foto ist erkennbar, daß umgekippte und aneinandergereihte Stühle die Bahn darstellen. Meine Schwester und ich sitzen als stolze Damen mit vornehmen Hüten und schwarzen, langen, weiten Kleidern aus Großmutters Klamottenkiste hintereinander in der Eisenbahn. Der fünfjährige Bruder steht daneben, er trägt einen steifen Zylinder und der Zweijährige hat eine viel zu große Soldatenkappe auf dem Kopf und sitzt als Zugführer auf der imaginären Lokomotive.

Auch Erfahrungen auf Reisen, in den Ferien, Erlebnisse mit der Feuerwehr, Besuche im Warenhaus, im Zirkus, im Theater oder im Museum oder eindrückliche Sendungen im Fernsehen werden mit persönlicher Note zum kindlichen Theaterspektakel ausgestaltet. Es gibt wohl kein Thema, das nicht dramatisiert werden könnte.

Besonders interessiert uns hier wieder die individuelle Wahl der Rollen und Verkleidungen sowie deren persönliche Bedeutung. Die Fastnachtszeit ermöglicht es nicht nur Kindern, sich zu verkleiden und sich in Wunsch- und Schattenfiguren zu verwandeln.

Den Kindern geht es beim Verkleiden nicht um schöne Kostüme oder künstlerische Darstellungen. Wir hatten zu Hause echte chinesische und rumänische Kinderkleider. Es machte mir aber gar keinen Spaß, solche wertvollen Kostüme anzuziehen. Auch das geerbte Rotkäppchenkleid gefiel meiner Mutter besser als mir. Ich hätte viel lieber ein Hochzeits- oder Prinzessinkleid angezogen.

Das Schöne und Interessante an der Fastnacht ist ja gerade, daß man sich seine eigenen Wünsche erfüllen darf. Man kann für einen Tag in eine idealisierte Wahlidentität schlüpfen oder aber eine sonst versteckte Seite der eigenen Persönlichkeit „herauslassen". Dies als Eltern den eigenen Kindern zu erlauben ist nicht leicht, haben doch auch Väter und Mütter Vorstellungen, wie ihre Kinder sein und was für Wünsche und Ideale sie haben sollten. Auch ich habe es oft nicht geschafft, meine mütterlichen Ansprüche und Ideen zurückzustellen.

Für ihre Verkleidungsspiele wählen Kinder oft, was den Eltern nicht gefällt: kitschige Prinzessinkleider, häßliche Vagabundenfetzen oder ein makabres Drakulagewand, langweilige Cowboy-, Pistolero- und Zorrokostüme oder was sonst gerade Mode ist. Bei der fastnächtlichen Verkleidung geht es eben darum, zu sein und zu tun, was man normalerweise nicht ist und darf.

So schafft es eine Dreizehnjährige, die täglich große Anstrengungen vollführt, „groß" zu sein und den Forderungen in der Sekundarstufe nachzukommen, sich an der Fastnacht als Baby mit dem Schnuller im Kinderwagen herumziehen zu lassen. Ein hochgewachsener Drittklässler verwandelt sich in ein putziges Kätzchen und ein scheues Kindergartenkind in einen Löwen. Ein Zehnjähriger läßt sich gar Stöckelschuhe leihen und spielt eine alte Dame. Diese Beispiele zeigen uns, daß man sich mit ritualisierten Verkleidungsspielen nicht nur seine regressiven bzw. auch wilden und gefährlichen Wünsche eingestehen kann, sondern daß es auch möglich ist, wenigstens zeitweilig eine andersgeschlechtliche Identität auszuprobieren.

Vor allem transgressive Heldenfiguren wie Räuber und Piraten, Hexen und Zigeunerinnen, die abenteuerliche Leben führen und Gesetze und Regeln nicht respektieren, sind bei Verkleidungen von größeren Kindern besonders beliebt. Was die Identifizierung mit solchen Helden so faszinierend macht, ist nicht schwer zu erraten. Abenteuerliche und kämpferische Helden tauchen nicht nur in den Verkleidungsspielen der Fastnacht auf, sondern dominieren tagtäglich die kindliche Spielszene. Das führt uns direkt zum nächsten Kapitel.

Kämpfen, Siegen; Waffen brauchen

Eine junge Lehrerin erzählt von ihren Schülern aus der zweiten Klasse. Dauernd wollen die Buben kämpfen, besonders zwei unter ihnen geraten immer wieder außer Kontrolle. Auch während der Klassenfahrt werden, kaum im Wald angekommen, Stecken zu Maschinengewehren umfunktioniert, und schon ballern die beiden aufeinander los.

Sie fragt sich, warum Jungen ständig kämpfen, bei Mädchen hat sie das nie beobachtet. Wenn sie versucht, sich an ihre eigene Grundschulzeit zu erinnern, kommen ihr Indianerspiele in den Sinn. Bei diesen kämpferischen Spielen gehörte sie einer Bande an, immer als Winnetous Schwester. Mit besonderem Spaß half sie, die Feinde an den Marterpfahl zu binden oder ins Gefängnis zu sperren, nie aber nahm sie direkt an den Kampfaktionen teil.

Heute wird sie von ihrem eigenen fünfjährigen Sohn mit dessen kämpferischen Spielen und seiner Begeisterung für Waffen in Atem gehalten und berichtet mir von der Entwicklung dieser Spiele. Vor zwei Jahren verwandelt der kleine Jan während der Sommerferien Flaschenputzer und Schnorchel in Schwerter, um mit einem Gleichaltrigen zu fechten. Mit Palmwedelhörnern auf dem Kopf werden Stierkämpfe veranstaltet. Im gleichen Alter beginnt Jan Legoraumschiffe zu bauen, die zum Luftkampf ausfliegen. Kommt eines beschädigt zurück, wird es geduldig geflickt.

Ein Jahr später läßt er sich von den Großeltern Pfeil und Bogen basteln und benützt diese zum Wettschießen. Gleichzeitig wird er stolzer Besitzer einer Playmobil-Burg. Sofort werden die Männchen in gute Ritter und böse Räuber aufgeteilt. Räuberische Eroberer, die in die Burg eindringen wollen, werden samt ihrer Leiter umgestürzt, und wenn sie mit dem Rambock die Burgwand einstoßen wollen, werden sie mit Steinen beschossen und besiegt. Ganz von der Welt der Ritter fasziniert, bastelt sich Jan aus Kartonschachteln eine Rüstung, lauert heimkehrenden Kindergartenkindern auf und versucht, diese mit Gebrüll und erhobenem Schwert zu beeindrucken. Mit seinem Ritterfreund veranstaltet er Duelle.

In den darauffolgenden Monaten wird jeder Stecken zum „Schießeisen" umfunktioniert. Auch bastelt sich Jan mit einem Posterrohr ein eigenes Gewehr, für dessen Munition Toilettenrollen benutzt werden. Er und sein Freund schlüpfen auch in die Indianerrolle, wobei jeder sein Lager und sein Zelt hat. Die Jungen schleichen sich gegenseitig an, und jeder verteidigt sein Revier. Mit „Steckengewehren" schießen sie aufeinander, und wenn einer sich getroffen fühlt, schreit er: „Ich bin tot!" und plumpst zu Boden. Wie von Zauberhand berührt stehen die Toten aber wieder auf, und das Spiel geht weiter. Im Sandkasten werden Gruben ausgehoben und mit Stecken, Blättern und Tannenzweigen bedeckt. Gegenseitig lassen sie einander in die Fallen tappen. Jan ruft auch seine Mutter herbei, warnt sie aber: „Mama, hier darfst du nicht drauftreten" und demonstriert ihr begeistert, wie der Feind sonst einsinkt.

Es ist eindrucksvoll zu beobachten, wieviel Energie und Vorstellungskraft Jan und seine Freunde aktivieren, um ihre kämpferischen Spiele zu gestalten und weiterzuentwickeln. Was für persönliche Motivationen können diesem Tun zugrunde liegen? Muß Jan sich und anderen seine kämpferische und männliche Wehrfähigkeit besonders beweisen, weil er wie heute so viele Kinder allein mit seiner Mutter lebt? Jans kämpferische Spiele sind aber einfach auch typisch für sein Alter und werden möglicherweise in vielen Lesern Erinnerungen wachrufen.

Die unumgängliche Frage bleibt deshalb: Weshalb kämpfen die Jungen? Weshalb haben sie ein viel größeres Bedürfnis, immer wieder neue spielerischen Ausdrucksformen für ihre Aggressivität zu finden? Weshalb brauchen sie Waffen?

Vor 25 Jahren meinte ich, meinen kleinen Sohn zum Frieden zu erziehen, indem ich mich weigerte, ihm ein Spielgewehr zu kaufen. Höchstens eine Wasserpistole sollte er bekommen. Die Großmutter war dann verständiger. In meiner Praxis stehen heute ein Holzgewehr, Plastikpistolen, eine Armbrust mit Saugnapfmunition und natürlich Pfeil, Bogen und Zielscheiben zur Verfügung. Jungen brauchen Waffen zum Spielen. Wie Jan uns gezeigt hat, erfinden und basteln kleine Jungen ihre Waffen, wenn sie diese nicht geschenkt bekommen. Wenn Kinder nicht bewußt oder unbewußt zur Gewalt erzogen werden, scheinen sie besser als die Erwachsenen zu wissen, daß Spiel und Realität nicht dasselbe sind. So tun „als ob" ist das Gegenteil von Ausagieren. Die kreative Phantasie gibt dem aggressiven Trieb eine spielerische Ausdrucksform und nimmt ihm den zerstörerischen Effekt. Wenn aber ein Kind mit oder ohne Waffe einem andern Schmerz oder Schaden zufügt, ist das kein Spiel mehr, sondern reale Gewalttätigkeit.

Weshalb aber treffen wir diese kämpferische Aggressivität fast ausschließlich in Jungenspielen?

Vor vielen Jahren mußte ich feststellen, daß meine Praxis vorwiegend eine Jungenpraxis war. Im Kindergarten- und Grundschulalter werden mir bis heute drei- bis viermal soviel Jungen wie Mädchen wegen Verhaltensstörungen gemeldet. (Später, als Jugendliche, holen die Mädchen auf und benötigen sogar mehr Hilfe als die Jungen.) Dieses statistische Überwiegen des männlichen Geschlechts bei psychischen Störungen im Kindesalter wird auch in der Fachliteratur bestätigt. Ist die Kindheit für Jungen eine schwierigere Zeit als für Mädchen? Und was hat dies mit ihrem Bedürfnis nach kämpferischen Spielen zu tun?

Elisabeth Badinter (1992) hat über die Bildung der männlichen Identität in unserer Zivilisation geforscht und stellt uns aufschlußreiche Aussagen zur Verfügung. Wir wissen, daß der kleine Junge sich nicht nur aus der Primärbeziehung mit seiner Mutter lösen muß, um ein selbständiges Individuum zu werden, er muß sich ihr und ihrem weiblichen Geschlecht auch aktiv entgegenstellen, um eine andere, eine männliche Identität zu gewinnen. Die Autorin macht außerdem darauf aufmerksam, daß nicht nur die Säuglingszeit, sondern schon die vorgeburtliche Menschlichkeit von der Weiblichkeit dominiert wird. Genetisch scheint das X-Chromosom die Basis der Menschlichkeit zu sein (Frau: XX, Mann: XY). Sie zitiert Alfred Jost, der schon 1964 festhält, daß sich die Männlichkeit gegen die primäre Weiblichkeit des Embryos konstruiert. Schon das Embryo muß sich in einem gewissen Sinn wehren, um nicht weiblich zu sein. Im Laufe seiner ganzen Entwicklung muß der kleine Mann sich davon überzeugen, daß er weder eine Frau noch ein Baby noch homosexuell ist. „Im Gegensatz zur Frau, die ist, muß der Mann sich machen" (Guy Corneau, 1989). Im Gegensatz zum Identifikationsprozeß der Weiblichkeit, der über die Bezogenheit erfolgt, ist der Identifikationsprozeß der Männlichkeit durch die Opposition gekennzeichnet. Erich Neumann (1980) vergleicht diesen progressiven oppositionellen Befreiungskampf des männlichen Ichs gegen das große Mütterliche mit der frühen Entwicklungsgeschichte des primitiven Menschen gegen eine übermächtige Mutter Natur.

Diese theoretischen Überlegungen stimmen mit der praktischen Erfahrung in meiner therapeutischen Tätigkeit überein. Auch Jan, der keine therapeutische Hilfe braucht, hat uns mit seinem Spiel gezeigt, daß die Identität als Junge tagtäglich erkämpft werden muß. Die Art zu spielen verändert sich daher. Eine Entwicklung im kämpferischen Spiel wird sichtbar. Bei seiner ersten Fechterei mit seinem Freund werden irgendwelche Gegenstände in Schwerte verwandelt. Im Handumdrehen entstehen auch Stiere mit Hörnern, kurz, es geht recht zauberhaft zu.

Weiter oben haben wir von Peter gehört, der sich magisch in *Karatekid* oder *Superman* verwandelt. Als kämpferische Waffe genügt ihm sogar der ausgestreckte Arm. Auch Igors erste Waffen, wenn er mit seiner magischen Kette um den Hals auf die Jagd geht, sind imaginär. Bald holt er sich dann aber alle auffindbaren Waffen als „Wehrhaftigkeitsreserve" in seine Hütte. Ein halbes Jahr später beginnt er keinen Kampf, ohne zuvor mit seinem Schwert eine Art rituell-magische Beschwörungsgeste in alle vier Himmelsrichtungen ausgeführt zu haben.

Der kleine Held im frühen Kindergartenalter hat magische und allmächtige Zauberkräfte. Wird der Feind allzu bedrohlich, kann er sich Roboterschalen, Raumfahrtschiffe oder unsichtbare Wände hervorzaubern oder gar wie Peter die feindliche Therapeutin einfach in einen Freund verwandeln, mit der er gemeinsam das bedrohliche Krokodil bekämpft.

Wenn ich als Therapeutin in solche Kämpfe verwickelt werde, versuche ich immer, von den Kindern zu erfahren, was für eine Art von Feind ich für sie darstelle. Oft handelt es sich, wie bei Peters Krokodilen, um verschlingende Tiere, aber auch um eine/n böse/n Mann/Frau, einen nächtlichen Räuber oder eine Diebin, häufig auch um eine Hexe, welche die Waffen stehlen, das Haus zerstören und die Kinder verführen und vergiften will. Diese phantasievollen Projektionen zeigen, daß es in dieser frühen kämpferischen Phase darum geht, sich gegen eine feindliche, weil vereinnahmende Mütterlichkeit durchzusetzen. Die Angst des kleinen Jungen, sich nicht zu befreien und in der Mutterwelt verhaftet zu bleiben, ist oft überwältigend und übersteigt die bewußten Fähigkeiten des kindlichen Ichs. Dieses muß dann spielerische Größenphantasien aktivieren, um sich mit allmächtigen und magischen Kräften auszustatten.

Wenn es der kindlichen Psyche nicht gelingt, die kreative Funktion des Spieles zu aktivieren und das Bedürfnis nach männlicher Selbstbestätigung im symbolischen Spiel darzustellen, äußert sich dies in psychosomatischen Symptomen oder in Verhaltensstörungen. Hyperaktivität und zerstörerische Aggressivität verunsichern die Eltern ganz besonders und lassen diese zu autoritären und gewaltsamen Maßnahmen greifen. Das wiederum verschärft den Konflikt. Als Mutter fühlt man sich durch diese überbordende Aggressivität oder verzweifelte Flucht nach vorn in Frage gestellt, alle mütterlichen Bemühungen werden zunichte gemacht. Es ist deshalb besonders wichtig zu wissen, daß es bei dem männlichen Protest nicht nur um einen Kampf gegen die persönliche Mutter geht, sondern vor allem um ein sich Abstemmen gegen die archetypische Mütterlichkeit.

So wurde ich in meiner Praxis kürzlich von einem neunjährigen Herkules bekämpft. Er baute Abwehrmauern um sein Zelt und bastelte sich ein Schild. Dann schaffte er ein ganzes Arsenal Waffen und Munition herbei, und auch ich wurde mit einer Pistole, einem Schwert und „Bomben" ausgestattet. Auf meine Fragen teilte er mir die Rolle einer Hexe zu, die den Herkules gerade wegen seiner männlichen Stärke zu ihrem Sklaven machen will. Herkules mußte mich deshalb mit aller Kraft bekämpfen. Nach einer Verteidigungsschlacht wagt er die direkte Konfrontation. Dabei schlägt er mir mein Schwert aus der Hand, läßt es mich aber als ritterlicher Held wieder vom Boden aufheben; er kämpft nicht gegen entwaffnete Feinde. Endlich werde ich gefesselt und darf unter seinen Waffen mein Todesinstrument wählen. Schlußendlich werde ich auf das Versprechen, nie wieder aufzutauchen, freigelassen. Ganz nebenbei informiert mich der Junge aber, daß ich das Versprechen nicht einhalten werde. Er weiß offensichtlich, was Verrat heißt. Dieser wehrhafte „Herkules" hatte schon vor vier Jahren wegen zerstörerischer Aggressivität im Kindergarten therapeutische Hilfe gebraucht und wurde mir wegen hyperaktiven Verhaltens in der Schule und wegen nächtlicher Alpträume zur Zeit der Geburt eines vierten Geschwisters gemeldet.

Hier wird deutlich, wie in Krisenzeiten die sich differenzierende männliche Identität eines Kindes in Frage gestellt wird und im Spiel erneut erkämpft werden muß. Das Beispiel zeigt uns auch, wie sich die Heldenfiguren und deren Kampfweise im Spiel der größer werdenden Jungen verändern. In der Zeit der ödipalen Krise, normalerweise um das vierte Lebensjahr, werden konkretere Helden zum Vorbild genommen, welche ebenfalls männliche Feinde bekämpfen. Wir haben gesehen, wie Jan als Indianer feindliche Indianer oder als Ritter Räuber bekämpft und seine Feinde mit immer rationelleren Strategien beschleicht, beschießt, bombardiert oder mit Fallen überlistet. Auch in den

Therapiestunden sind es oft Indianer, Cowboys und später feindliche Soldaten, die sich bekämpfen. Dabei geht es um Feinde, die die Burg zerstören, den Schatz stehlen, das Land erobern, vielleicht sogar über die ganze Welt befehlen wollen.

Diese Entwicklung ist bedeutungsvoll. Der größer werdende Junge wendet sich in seinen heldenhaften Kämpfen nun nicht mehr ausschließlich gegen eine vereinnahmende Mütterlichkeit, sondern verschafft sich auch Raum gegen männliche Rivalen und gegen väterliche Figuren. Seine Strategien werden immer kriegerischer und weniger magisch. Die Feinde des Helden sind immer die Bösen, und sein heldenhafter Kampf hat auch immer mehr mit der Behauptung des bewußten Ich gegen die unbewußte bedrohliche Triebhaftigkeit zu tun.

Hans entwirft in seinem Nomadenzelt strategische Pläne. Durch Spione hat er erfahren, daß sich die Feinde von allen Seiten seinem Zelt nähern. Mit verschiedenen Linien markiert er seine Abwehrstrategien, um dann die Bösen in großer Zahl auf die Wandtafel zu zeichnen. Sie haben wilde Gesichter, tragen große Hüte, und aus ihren Pistolen schießen die Kugeln. Sie müssen heldenhaft einer nach dem anderen mit Saugnapfmunition vernichtet werden.

Oft werden auch im Sandkasten feindliche Heere aufgestellt, die sich verschanzen und mit Hilfe von Panzern, Kanonen oder per Luftwaffe bekämpfen. Auch mit solchen Spielen werden innerhalb des typischen Heldenkampfes persönliche seelische Erfahrungen dargestellt und mitgeteilt. Ein Soldat wird von hinten angefallen, oder den Feinden kommen Drachen zu Hilfe, so daß sich die Helden in unterirdischen Höhlen verstecken müssen. Nicht immer ist die heldenhafte Armee siegreich, aber sie hofft wenigstens zu überleben.

Bei größeren Kindern sind Abenteuerreisen besonders beliebt, Hindernisse werden überwunden, Gefahren wird standgehalten, und Feinde werden bekämpft. Theo hat uns mit seinem sorgfältig ausgestalteten Puppenspiel ein schönes Beispiel geliefert. Oft geht es dabei um abenteuerlichen Reisen mit dem Ziel, einen Schatz zu finden und ihn nach gefährlichen Abenteuern zu erobern. Auch die Computerindustrie hat dieses Bedürfnis schon lange entdeckt und unzählige Abenteuerserien für die Programme der PC und Minicomputer auf den Markt gebracht. Das Bekämpfen von schrecklichen Feinden und das mutige Überwinden von Todesgefahren auf dem Bildschirm ist eine Herausforderung an die Nerven. Wer gute Reflexe, Geduld und Ausdauer hat, wird zum Sieger und erobert den Schatz. Ich selbst bin dazu absolut unfähig, muß aber nicht selten über kindliche Erfolge staunen. Die physisch erlebten Abenteuerspiele wird der Bildschirm aber nie ersetzen können.

Mit kämpferischen Abenteuern im Einzel- und Gruppenspiel wird immer wieder auf persönliche Weise dargestellt, wie aufregend, beängstigend, faszinierend, schwierig und unumgänglich es ist, als Kind den eigenen Weg zu finden und sich durchzusetzen.

Dies gilt natürlich sowohl für Jungen als auch für Mädchen. Verschiedentlich haben wir beobachtet, wie Mädchen auf diesem abenteuerlichen Weg Initiative, Intelligenz und Mut beweisen. Jans Mutter unterstützt schwesterlich den Held Winnetou, Ruth verteidigt ihren Banktresor, bekämpft den Dieb, organisiert ihre heldenhafte Bande im Puppentheater, und Franziska baut sich immer höhere Hindernisse für ihr Pferdespringen.

Es ist wichtig, daß die Eltern auch den Töchtern erlauben, sich durchzusetzen. Mindestens seit C.G. Jung (1935) die innerpsychische männliche Seite der Frau und die innerpsychische weibliche Seite des Mannes als Animus und Anima entdeckt und beschrieben hat, gilt es falsch, die Mädchen auf typisch „weibliche" und die Jungen auf typisch „männliche" Eigenschaften einzuschränken. Auch ist die männliche Dimension in der Frau und im Mädchen nicht – wie Jung meinte – besonders rigide und in vorurteilhaften, kollektiven Meinungen verhaftet. Die männliche, kämpferische und intellektuelle Seite der Frau wird nur dann rigide und verkrampft, wenn sie sich nicht individuell entfalten und durchsetzen kann, sondern von einer patriarchalen Gesellschaft frustriert und in die Enge getrieben wird.

In Ruths und Franziskas Spiel äußert sich diese aktive, aggressive, sich durchsetzen wollende Seite sehr kreativ. Nach meiner Erfahrung identifizieren sich die Mädchen aber selten mit den kämpferischen Helden. Sie projizieren wie Ruth die Helden eher auf verschiedene Figuren einer dramatischen Abenteuergeschichte, oder sie nehmen an kämpferischen Gruppenspielen teil.

Bettinas Eltern erzählen mir amüsiert, daß ihre zwei kleinen Töchter über lange Monate als Spielzeugfiguren Woody und Buzz aus dem Film „Toystory" rivalisiert und gekämpft haben. Heute spielen sie mit Vorliebe Asterix und Obelix. In ihren Therapiestunden konfrontiert mich Bettina heute mit ihrer Aggressivität und ihrem Durchsetzungswillen, indem sie mich als Cowboy Woody mit einem Staubwedel bedroht, verfolgt und mich als Buzz einsperrt.

Mädchen üben gerne und messen mit Vorliebe ihre Leistungen. Franziska haben wir bei ihren Hochsprungübungen gesehen. Therese stärkt über verschiedene Stunden ihr Selbstbewußtsein durch demonstratives Trainieren von Rad und Kopfstand. Andere messen sich im Zielen und versuchen den eigenen Rekord zu übertreffen. Auf dem Schulplatz in der Pause treffen wir Gruppen von Jungen, die in Fußballspielen um den Sieg kämpfen und Mädchen, die beim Gummitwist rivalisieren und dabei den Schwierigkeitsgrad ihrer Sprünge immer weiter steigern.

Welche Bedeutung haben diese unterschiedlichen Spielweisen von Jungen und Mädchen? Es ist für die heutigen Kinder und Jugendlichen nicht leichter geworden, eine klar definierte geschlechtliche Identität aufzubauen. Ein Junge oder ein Mädchen, ein Mann oder eine Frau zu sein, ohne die inneren gegengeschlechtlichen Tendenzen zu verleugnen, ist eine große Herausforderung. Die patriarchale Gesellschaft hat Mann und Frau über Jahrhunderte typische Rollen zugewiesen. Sie wollte und will immer noch aktive, starke, kämpferische Männer und passive, schöne und anpassungsfähige Frauen. Diese Verhaltensmuster werden weiter überliefert und prägen unbewußt elterliche Vorstellungen. Die Aufgabe für heutige Eltern ist komplex: Sie sollen den Mädchen helfen, sich selbstbewußt durchzusetzen, ohne ihre weibliche Identität zu verleugnen. Den Jungen sollen sie ermöglichen, in „weiblicher" Weise zu fühlen, ohne ihre traditionell aggressive und rationale männliche Identität zu gefährden. Es lohnt sich, auf die Spiele der Kinder zu achten, ihre Bedürfnisse zu erspüren und in unserer Vorstellung Platz für neue Ideale geschlechtlicher Identität zu schaffen. Die stereotypen Gegenüberstellungen von Hausmütterchen und sexy girl oder Emanze, von Macho oder Softy sind überholt.

Was hat es nun aber mit dem Waffenspiel und dem Siegen auf sich? Waffen sind ein typisches Jungenspielzeug. Schwert und Gewehr symbolisieren im Spiel des männlichen Kindes die phallische Qualifikation, sozusagen als Vorstufe zur männlichen sexuellen Potenz.

Weshalb kämpfen Mädchen kaum mit Waffen? Warum wird in ihren Spielen die Hexe nicht getötet? Im Unterschied zu der männlichen erfolgt die Bildung der weiblichen Identität nicht über die Opposition gegen die archetypische Mütterlichkeit. Schließlich bildet diese die Basis des weiblichen Selbstverständnisses. Wird sie vom Mädchen, von der jungen Frau verurteilt, verleugnet oder aktiv bekämpft, so zerstört diese die Basis ihrer eigen weiblichen Identität, ohne welche das Muttersein in der nächsten Generation nicht möglich ist. Das erklärt, warum Therese mich als böse Hexe in einen Turm aus Bausteinen sperrt und diesen im Spiel mit gefährlichen Spinnen füllt, mich aber nicht mit Waffen bekämpft. Käthe haben wir sogar dabei beobachtet, wie sie sich in eine Gift brauende Hexe verwandelt und sich deren „Waffen" zu eigen macht. Die weibliche Sexualität definiert sich nicht über das Phallische, sondern über die intime Berührung, was nicht mit Passivität gleichzustellen ist (in C. Rohde-Dachser 1991). Für Mädchen ist es wichtig, sich gegen eindringende, mißbrauchende Übergriffe zu wehren. Diese Wehrhaftigkeit wird auch im Spiel aktiviert, wie wir an verschieden Beispielen gesehen haben. Sie verfügt über Schutzmaßnahmen und äußert sich über den Protest und über das Aktivieren von angriffsbereiten Helfern.

Beim kämpferischen Spiel von Jungen und Mädchen geht es immer wieder um Selbstbestätigung und die Erfahrung von Erfolg und Sieg.

Das Erlebnis des Siegens ist ein unentbehrlicher Baustein des Selbstvertrauens. Gestern erfahre ich im Telephongespräch mit einer Mutter, daß ihr Sechsjähriger den Schulanfang gut geschafft hat. Er ist diszipliniert, gibt sich große Mühe und erklärt sogar begeistert, er gehe viel lieber in die Schule als in den Kindergarten. Gleichzeitig ist er aber zu Hause immer noch ein unruhiger Zappelphilipp, läßt dem kleinen Bruder keine Ruhe, ist schnell gekränkt und weint wegen Kleinigkeiten. Auf dem Pausenplatz will er unbedingt vor dem Nach-Hause-Gehen einen Treffer im Fußballtor landen. Verwehren ihm dies die anderen Kinder, so bricht er in Tränen aus. Um sein wenig stabiles Selbstvertrauen nicht völlig zu verlieren, braucht dieser kleine Junge jeden Tag sein Tor, seine spielerische Siegeserfahrung. Es handelt sich um eines der elementarsten Bedürfnisse. Nicht nur Kinder brauchen regelmäßig eine Bestätigung ihres Selbstwertes. Je unsicherer ein kindliches Ich jedoch ist, desto lebenswichtiger werden die täglichen Erfolgserfahrungen. Andernfalls wird das Kind von Minderwertigkeitsgefühlen überwältigt.

Kinder, die trotzig Wett- und Gesellschaftsspiele im Freundes- und Familienkreis verweigern oder unterbrechen, sobald eine Niederlage in Aussicht steht, verschaffen sich oft in der Therapie unaufhörlich Siege, auch wenn zu diesem Zweck die Regeln manipuliert werden müssen. Dies geschieht aus dem unbedingten Bedürfnis, sich als Sieger und nicht als Verlierer zu erleben. Erst wer eine „Sammlung", ein Kapital von Siegeserfahrungen zu Verfügung hat, kann Niederlagen einstecken, ohne in Depressionen zu fallen. Besonders Kinder, die in der Frühzeit ihres Lebens frustrierende Erlebnisse angehäuft haben, brauchen oft eine lange Reihe von kompensierenden siegreichen Erfahrungen, um ihr Verlierergefühl zu überwinden, ein neues Gleichgewicht zu finden und auch Mißerfolge und Niederlagen guten Mutes ertragen zu können.

Verkehrsspiele

Auf einer Baustelle ist die Arbeit „im Gang". Das wird mir jedesmal deutlich, wenn ein Kind Straßenarbeiten spielt.

Patrick holt bei unserer ersten Begegnung in meinem Spielzimmer einfach alle backsteinförmigen Bausteine aus dem Regal hervor und schichtet sie sorgfältig in ein Depot, das er aus Brettern hergestellt hat. Damit gibt er mir zu verstehen, daß er eine Materialreserve braucht, er sammelt Baumaterial für späteren Gebrauch. In den nächsten Therapiestunden wird daraus ein Haus gebaut, in dem er schlafen und seine Waffen aufbewahren kann. Nachdem er so seinen geschützten Raum und seine Wehrfähigkeit abgesichert hat, fahren in den nächsten Stunden im Sandkasten Bagger und Lastwagen auf. Immer wieder belädt Patrick seinen Bagger mit Erde, füllt geduldig einen Lastwagen nach dem andern und fährt damit in die andere Ecke des Kastens, um dort auszuladen. Es geht ihm dabei ums Füllen seiner Lastwagen. Der Transport ist aber ebenso wichtig; es wird gearbeitet. Was entsteht, weiß Patrick noch nicht, aber die Arbeit ist in Gang.

Wenn wir bedenken, daß sich der Siebenjährige wenige Wochen zuvor oft am frühen Morgen aus Schulangst erbrach und wegen einer legasthenischen Störung immer wieder bei der Schreibarbeit in Rückstand geriet, können wir sein Spiel verstehen. Nachdem er sich Material herangeschafft und einen Ort der Geborgenheit gebaut hat, will er seine Arbeitsfähigkkeit unter Beweis stellen. Kann er die Arbeit in Gang halten, so hilft ihm dies beim Überwinden seines Minderwertigkeitsgefühls, seines Gefühls, „lahm zu liegen".

Verkehrs- und Straßenbauspiele werden von Kindern dazu benützt, sich gegen die Bedrohung durch Stagnation und Entwicklungsrückstand zu mobilisieren. Sie aktivieren ihre Autos, Lastwagen, Bagger und Krane gegen das Gefühl, unproduktiv oder zu langsam zu sein und nicht vom Fleck zu kommen.

Samuel, mit dem ich im Puppenhaus um die Puppenmutter trauern mußte, baut im zweiten und dritten Therapiejahr über zwanzigmal an immer ähnlichen Straßen. Zu Therapiebeginn hatte er mich sein Gefühl der Ohnmacht miterleben lassen. Immer wieder mußten wir nebeneinander in Autos sitzen, die kaputt waren, nicht vom Fleck kamen und ein schreckliches Getöse von sich gaben. Ob denn auch wirklich nichts zu machen sei, fragte ich ihn recht unglücklich, ich hätte so gerne den Mechaniker geholt. Endlich gelangten wir mit unserem Auto zur Werkstatt des Mechanikers. Da war aber niemand, jedesmal war „geschlossen". Es war zum Verzweifeln. Erst Monate später wurde es Samuel möglich, selber den Mechaniker zu spielen.

Bevor er jeweils mit seinen Straßenarbeiten beginnt, muß ich Verkehrstafeln aufstellen, um den Verkehr umzuleiten. Die Arbeit darf nicht gestört werden. Zwanghaft wiederholt sich dann jedesmal das Aufreißen des alten Belages, das neue Zementieren, das Anklopfen, das Walzen und das Malen der weißen Linien. Später werden immer wieder

Wasser- und elektrische Leitungen verlegt. Es ist beeindruckend, mit wieviel Einsatz dieses Kind die alten Straßen, das heißt seine überholten, unnützen Verhaltensweisen abbauen und mit wieviel Mühe es sich neue Wege, Auswege und Verbindungen erarbeiten muß. Samuel weiß manchmal selbst nicht, warum er dies tut, er zweifelt an seinem Tun und sucht bei mir nach einer Antwort. Immer wieder muß ich ihm erzählen, wie wichtig Straßen sind, um von einem Dorf ins andere zu kommen, um Nahrung herbeizuschaffen, um Menschen zueinander zu bringen und so weiter. Nie ist mir die elementare Bedeutung unseres Straßennetzes und unserer Verkehrsmittel so bewußt geworden, wie im Spiel mit diesem Kind. Das oft etwas verpönte Spiel mit Autos hat für mich durch die Arbeit mit Samuel einen ganz anderen Stellenwert erhalten.

Samuels Fragen zu seinem Spiel gehen aber noch weiter. „Warum spiele ich?" „Wann werden meine Ängste weggehen?" Meint er wohl, in meiner Praxis müßte er spielen? Meint er, mit seinem Spiel die Frau Rossetti glücklich machen und seine Eltern beruhigen zu müssen? Er ist erleichtert, als er hört, daß er auch ausruhen, ein Bilderbuch anschauen oder einfach nichts tun darf. Wenn man sich Muße und sogar Langeweile gestatten kann, entdeckt man vielleicht eine neue Lust, die nicht aus der Erwachsenenwelt, sondern aus der eigenen „Küche" kommt. So zieht sich denn auch Samuel ein Jahr später gern in sein Häuschen zurück und kocht sich Pudding.

Thomas legt nicht nur Wasserleitungen. Über lange Zeit baut er im Sandkasten unentwegt Straßen und Brücken. Meist reicht ein Kasten nicht; er braucht zwei oder drei, die er mit seinen Brücken verbindet. Mittels Schreinerarbeiten erhalten die Brücken schützende Geländer, Verkehrstafeln regulieren die Autokolonnen, Parkplätze werden unter den Brücken neben den Wasserleitungen gebaut, und einmal entsteht sogar ein Elekrizitätswerk. Oft lädt ein Waldsee in einer Ecke zur Erholung ein. Für meinen Geschmack ist immer zuviel Verkehr. Auch brechen die Brücken ein und müssen geduldig erneuert werden.

Wir kennen den wortkargen Thomas und seine frühkindlichen, tiefen Ängste. Wenn wir in Betracht ziehen, wie wichtig Brücken für die Beziehungen zwischen Menschen, Regionen und Ländern sind, so verstehen wir sein Spiel. Er muß immer wieder um funktionierende, verbindende und die Entwicklung fördernde Beziehungen ringen. Er hat es schwer vorwärts zu kommen und ist oft durch all die Verkehrsbedürfnisse überfordert. Auch heute noch zweifelt er schnell an seinen Entwicklungs- und Beziehungsfähigkeiten. Immer wieder braucht er deshalb die Erfahrung, seine Kreativität und seine praktische Intelligenz zur Überwindung seiner Schwierigkeiten aktivieren zu können.

Dem Autospiel liegt das Bedürfnis zugrunde, vorwärts zu kommen und nicht blockiert zu bleiben. Ein eigenes oder gar viele Spielautos zu besitzen und zirkulieren zu lassen, ist vor allem für Jungen wichtig. Ein eigenes Fahrzeug zu basteln, gibt dem größeren Kind die Gewißheit seiner persönlichen Mobilität und Fähigkeit, sich mit anderen in Verbindung zu setzen Es gibt ihm das Gefühl der Autonomie.

Der Verkehr fließt aber auch im Spiel oft zähflüssig. In Thomas Brückenlandschaft hängen Autos oder Lastwagen manchmal gefährlich über dem Abgrund. Wegen Absturzgefahr müssen Abschleppwagen, Polizei und Krankenauto herbeigerufen werden. Solche Spielepisoden haben oft die Bedeutung eines Hilferufes an die Therapeutin oder eine familiäre Bezugsperson. Es ist wichtig, daß Kinder es wagen, bei ihren Mitmenschen Hilfe zu erbitten und dabei Gehör finden. Die Erfahrung, im richtigen Moment Hilfe und Schutz zu erhalten, aktiviert in der kindlichen Psyche schützende, rettende und heilende Kräfte, die im spielerischen Tun aktiviert und gestärkt werden.

Auch Igor spielt im Sandkasten Baustelle und Straßenverkehr. Es soll ein Flugplatz entstehen. Zu Beginn des Spiels stellt er Polizei, Feuerwehr und Krankenauto bereit. Sollte etwas schief gehen, ist die Rettungsmannschaft einsatzfähig. Zwei- oder dreimal wird sie gebraucht, bald aber heben die Flugzeuge ordentlich ab, landen korrekt, und die Autos kommen nach Rundfahrten sicher wieder nach Hause. Igor hat sich im Hintergrund Hilfe gesichert, nun kann er sich vertrauensvoll auf die schwierige Arbeit konzentrieren und danach wieder zum Ausruhen und Auftanken heimfahren. Eine spielerische Erfahrung, die ihm bald ermöglichen wird, auch im konkreten Schulalltag zurechtzukommen.

Oft ist der Verkehr im Straßenspiel verstopft. Verkehrstafeln und Ampeln werden benötigt und stehen für Ordnung und Geduld, welche Kinder, Eltern und Lehrer in der Konfrontation mit den täglichen Forderungen brauchen. Auch werden Zusammenstöße und Straßenunfälle dramatisiert. Dabei kann es sich um die Darstellung verschiedenartiger Erlebnisse handeln: um die Erfahrung, selbst immer in zerstörerische Zusammenstöße und Konflikte zu geraten, um das Teilhaben an zerstörerischen Konflikten und Streitereien zwischen Bezugspersonen oder aber auch um das Miterleben von erregtem, für das Kind unverständlichem und beängstigendem Geschlechtsverkehr von Erwachsenen.

Unter den Verkehrsmitteln unserer Zivilisation ist die Eisenbahn schon immer von vorrangiger Bedeutung. Auf die Kindheit unserer Großväter und Großmütter muß sie mit ihren Schienensträngen, die über Berg und Tal führten, und mit den großen schnaufenden Dampflokomotiven eine enorme Faszination ausgeübt haben. So hat das Spiel mit der Eisenbahn Tradition. Eine solche Bahn zu besitzen und Lokomotivführer zu spielen, verschafft ein besonderes Machtgefühl. Man bestimmt da nicht nur die Richtung eines individuellen Fahrzeuges, man hat einen sozialen Auftrag und bringt eine ganze Reisegesellschaft in Fahrt und ans Ziel. Die Schienen führen über einen vom Kollektiv vorbestimmten Weg, auf dem man nicht entgleisen darf. Im Spiel kann die Trasse der Schienen selber ausgedacht werden, aber einmal zusammengefügt, sind die Wege festgelegt und somit auch beschränkt. Es geht also beim Eisenbahnspiel um Anpassung und Nutzung eines kollektiven Verkehrsmittels, um das Vorwärtskommen innerhalb gegebener Regeln, Strukturen und Vorschriften.

Bevor Willi mich in seinen Stunden als Fußballspieler in Trab hält, stellt er oft die Holzeisenbahn auf. Sein Zug macht sich auf den Weg. Bei jeder Weiche muß ich erraten, wo er wohl hinfahren wird. Strahlend läßt Willi seine Lokomotive immer dorthin fahren, wo ich es nicht erwartet habe. Sein Triumph ist es, mir zu zeigen, daß er nicht das tun will, was man von ihm erwartet, daß er selbst entscheidet, wo es lang geht, daß er dabei aber auch nicht aus dem Geleise kommt, wie dies seine Familie befürchtet.

Mit dem Schiff wollen wir unsere Reise durch die Bereiche des kindlichen Spiels beenden. Das Schiff ist ein besonders abenteuerliches Verkehrsmittel. Sein Bild erweckt in unserer Phantasie Erinnerungen an Reisen ins Ungewisse oder in ferne Länder. Helden, Schatzsucher und Eroberer alter Zeiten haben die Segel in den Wind gehängt und sind losgefahren. Schiffe wurden von den Menschen zum Überqueren von Flüssen, Seen und Meeren schon immer gebaut. Ein Schiff muß solide und tragfähig sein, fährt man mit ihm doch übers tiefe und gefährliche Wasser. Meist reist man in einem Schiff nicht alleine, sondern mit hilfreichen Freunden, so wie Ruth in ihrem Puppentheater, oder man rettet darin allerlei Tiere, wie Hans, wenn er Arche Noah spielt. Das Spiel dieser beiden Kinder vermittelt Zuversicht und macht hoffnungsvoll. Gehen im Spiel eines Kindes jedoch alle Schiffe unter und versinken ohne jede Rettungsmöglichkeit, so teilt es uns damit seine Hoffnungslosigkeit, seine Angst, seinen totalen Mangel an Selbstvertrauen und seine Zukunftsängste mit.

Die Schiffsreise, die Fahrt ins Blaue, ist eine Überfahrt zu neuen Ufern. Bei dieser Reise übers Wasser, im Rollenspiel dramatisiert oder im Sandkasten dargestellt, geht es darum, sich weder von gefährlichen Haifischen aus der dunklen

Tiefe verschlingen zu lassen noch im Sturm das Steuer zu verlieren und orientierungslos unterzugehen. Im Vertrauen auf die Tragfähigkeit des Schiffes und auf einen günstigen Wind, mit Hilfe von Sternen und Kompaß soll der Weg an das neue Ufer gefunden werden.

Die abenteuerliche Fahrt übers Wasser symbolisiert wohl am allerbesten die existentielle Lebenssituation des Kindes. Wir wissen von der Unentbehrlichkeit des Wassers und seiner Bedeutung als kreative Lebensquelle, die sich im Meer erneuert. Wir wissen aber auch um die tödliche Gefahr, die sich in der dunklen Tiefe verbirgt. Auch das Kind ist sich dieser Tatsachen bewußt und setzt sich in seinem Schiff sowohl den kreativen als auch den bedrohlichen Kräften des Wassers aus. Gleichzeitig stellt es sich dabei den konkreten Forderungen, die das Lebensabenteuer mit sich bringt. Das Schiff verschafft ihm auf seiner Reise ein Gefühl von tragender Geborgenheit, verlangt aber auch nach fester Hand und scharfem Blick am Steuer. Hat ein Kind auf seinem bisherigen Weg Selbstvertrauen aufbauen können, wird es sich über das Spiel mit der abenteuerlichen Schiffsreise darauf vorbereiten, mutig und neugierig die Reise in die Zukunft anzutreten.

Literatur

Anzieu, Didier, 1985, *Le Moi Peau* Dunod, Paris

Badinter, Elisabeth, 1992, XY, De l'identité masculine, Odile Jacob, Paris

Bion, W.R., *Learning from Experience,* Heinemann (*Apprendere dall'Esperienza* Armando, Rom, 1979)

Corneau, Guy, 1989, *Père manquant, fils manqué* Les éd. Del'homme, Québec

Duden, 1989, *Das Herkunftswörterbuch*, Dudenverlag

Freud, Sigmund, 1909, *Der kleine Hans,* in Zwei Kinderneurosen, Studienausgabe, S.Fischerverlag, 1969

Fargersträng, G. und Hansson, G., 1977, *Per, Ida & Minimun,* Skolförlaget Gävle AB

Jung, Carl Gustav, 1910, *Über die Konflikte der kindlichen Seele,* G.W. 17, Walter-Verlag, Olten, 1982

Jung, Carl Gustav, 1916, *Die Transzendente Funktion,* G.W. 8, Walter-Verlag, Olten, 1982

Jung, Carl Gustav, 1936, *Über den Archetypus,* G.W. 9/1, Walter-Verlag, Olten, 1980

Jung, Carl Gustav, 1949, *Definitionen,* in *Psychologische Typen,* G.W. 6, Walter-Verlag, Olten, 1981

Jung, Carl Gustav, 1961, *Erinnerungen Träume Gedanken,* Walter-Verlag, Olten, 1977

Marajasch, S., 1964, *Der Purzelbaum,* Magglingen

Neumann, Erich, 1980, *Das Kind,* Verlag Bonz, Fellbach

Pfleiderer, B., 1990, *Die spontane Geste,* in „Kind und Umwelt", S. 53, Heft 66 – Verlag Bonz 1982

Rohde-Dachser, Ch., 1991, *Expedition in den dunklen Kontinent,* Springer-Verlag, Berlin

Stern, Daniel N., 1985, *Die Lebenserfahrung des Säuglings,* Klett-Cotta, Stuttgart, 1996
Von Wilckens, L., 1956, *Tagesablauf im Puppenhaus,* Prestel Verlag, München
Winnicott, D.W., 1971, *Vom Spiel zur Kreativität,* Klett-Cotta, 1979
Zulliger, Hans, 1952, *Heilende Kräfte im kindlichen Spiel,* Fischer, Frankfurt a.M. 1970

Weiterführende Literatur zum Thema Mißbrauch

Enders Ursula, *Zart war ich, bitter war's.* Handbuch gegen sexuelle Gewalt an Mädchen und Jungen, 1995, Kiepenheuer & Witsch, Köln
Herman Judith Lewis, *Die Narben der Gewalt,* Traumatische Erfahrungen verstehen und überwinden, 1993, Kindler Verlag, München
Wegner Wolfgang, *Mißhandelte Kinder,* Grundwissen und Arbeitshilfen für pädagogische Berufe, 1997, Beltz, Praxis
Wirz Ursula, *Seelenmord,* Inzest und Therapie, 1990, Kreuz Verlag, Zürich
Steinhage Rosemarie, *Sexuelle Gewalt,* Kinderzeichnungen als Signal, 1992, Rowohlt Taschenbuch Verlag, Hamburg

Kinder verstehen

Etty Buzyn
Laßt mir doch Zeit zum Träumen
Leistungsdruck und Streß abbauen – wie Eltern ihren Kindern helfen können.
ISBN 3-451-26376-9
Anhand vieler Fallbeispiele macht die Autorin deutlich, wie wichtig es für die gesunde Entwicklung der Kinder ist, Freiräume zur Verfügung zu haben.

Doro Kammerer
Zärtlicher Abschied vom Tag
Einschlafrituale für Kinder
ISBN 3-451-26365-3
Jeden Abend das gleiche Theater: Was Eltern tun können, wenn ihre Kinder nicht schlafen gehen wollen.

Gisela Preuschoff
Kinder mit Mandalas zur Stille führen
Kreative Anregungen und praktische Übungen für Eltern und Kinder
ISBN 3-451-26374-2
Spielerisch Ruhe gewinnen: Wie Eltern mit Kindern Mandalas malen, basteln, achtsam betrachten oder mit dem Körper gestalten können.

Gisela Preuschoff
Kinder zur Stille führen
Meditative Spiele, Geschichten und Übungen
160 Seiten, Klappenbroschur
ISBN 3-451-23897-7
Die Autorin gibt konkrete Tips, wie Kinder auf den Weg der Ausgeglichenheit zurückgeführt werden können.

Cordelia Alber-Klein/Regina Hornberger
Das Bach-Blüten-Buch für die Familie
Kinder und Eltern entdecken sich selbst
Mit Farbabbildungen der 38 Bach-Blüten
ISBN 3-451-23787-3
Ein Buch für alle Eltern, die zusammen mit ihren Kindern positive Erfahrungen in sanfter Gesundheit und bei der Persönlichkeitsfindung machen wollen.

Gisela Preuschoff
Mit Kindern achtsam durch das Jahr
Lauschen, spüren, schauen, staunen
Mit Jahreszeitenmandalas und anderen s/w-Abbildungen
ISBN 3-451-26353-X
Das besondere Jahres-Begleitbuch mit einer Fülle von konkreten Anleitungen, das Kindern hilft, den Rhythmus des Jahres wieder zu entdecken und das Wunder des Lebens zu erfahren.

Michael Kalff
Kinder erfahren die Stille
Naturmeditationen für Kinder und Eltern
ISBN 3-451-26225-8
Michael Kalff ermöglicht Kindern und Eltern, die neuen, kleinen Dinge der Natur gemeinsam zu entdecken: So wird der „langweilige Ausflug" zu einem großen, stillen Abenteuer.

Patricia H. Berne/Louis M. Savary
Kinder brauchen Selbstvertrauen
Tips und Ratschläge für Eltern
Aus dem Amerikanischen von Peter Brandenburg
160 Seiten, Paperback
ISBN 3-451-23752-0
Das Fundament für ein glückliches Leben wird in der Kindheit gelegt.

Armin Krenz
Was Kinderzeichnungen erzählen
Mit 8 Farbtafeln und zahlreichen s/w Abbildungen,
Kinder in ihrer Bildersprache verstehen
ISBN 3-451-23695-8
Symbole und Farben aus Kinderzeichnungen, erklärt von dem erfahrenen Therapeuten und Pädagogen Armin Krenz.

Peter Veith
Eltern machen Kindern Mut
Zuhören, achten, verstehen lernen
Mit vielen Skizzen und Piktogrammen
208 Seiten, Klappenbroschur
ISBN 3-451-26284-3
Wie Kinder gestärkt werden – ohne Vorwürfe, Kritik und Strafe.